花蓮
賞鯨 地圖

黑潮海洋文教基金會 / 著

晨星出版

海上鯨豚與岸上風景

陳彥君

　　有人說這本書的前半部跟後半部像是不搭嘎的兩個部分，開始時我也這樣覺得。細讀之後才明白，它們並非不相關，撇開鯨豚部分以外，這本「地圖」上的景點，幾乎都是站在船舷上的黑潮解說員，向遊客指說花蓮海岸線時會想要提到的地方，思緒至此不禁莞爾。花蓮依山傍海，熱愛體驗自然的黑潮夥伴多半既愛玩海也愛遊山，不宜出海的日子，探索的腳步也不曾停歇，總會將花蓮的好山好水徹底翻查一遍。

　　再說，多羅滿號沒有出現之前，哪會有那麼多機會親海呢？雖說四面環海，但在台灣生長的人，若非漁民也不當海軍，幾乎沒甚麼機會熟悉海洋，或是從海上回頭看看自己生長的島嶼。

　　從這個角度來看，黑潮海洋文教基金會的誕生是一個必須感恩再感恩的機緣，我們由衷感謝花蓮的漁民前輩如林國正先生、潘進龍先生等人的一段提攜，以及慘被戮殺卻仍耐心等待台灣人善意的海中精靈──花蓮海灣仍肯飆船的海豚與鯨們，感謝創會者之灼見與勇氣，以及全台各地豪情干雲的義工朋友們總是不畏途遠地奔波相助，更感謝以無比耐性陪伴黑潮緩緩成長的捐款朋友。而我自己常覺得最不可思議的好運氣，是難能可貴的出現了一艘能配合基金會目標的船──浪漫的多羅滿號，沒有這艘船的出現，基金會的活動便只能裹足岸上了，哪能有一點點不同於其他團體的訴求及成績？今天基金會得以藉著訓練海上解說員服務遊客的名義，一方面吸引並提供有心見習海洋的人有不斷出海磨練機會，另一方面多羅滿號等於提供了一個絕佳的海上遊動教

花蓮的美麗海岸－磯崎（廖鴻基 攝影）

室，讓黑潮的解說員得以進行一整個夏天至少5,000人次以上的海洋環境教育解說，我們真的是幸運的一代，不是嗎？

　　生態旅遊的風潮席捲而至，隨著愈來愈盛的有機生活觀念與回歸體驗山野的休閒風潮，以及各種旅遊及解說DIY書籍的出版，願意帶著手冊按圖索驥，以小團體、少人數、以比較不具破壞規模的方式，進行尊重自然、了解自然、讚嘆自然的生態之旅的台灣人、台灣家庭有越來越多的趨勢，這是一個值得令人慶幸的、對環境友善的好的趨勢。在這樣一個大環境中，我們也看到花蓮以外尚有許多城鎮，許多跟我們一樣的地方性環保團體正在各自努力，創造各式各樣令人驚喜讚嘆的方式與活動，嘉惠鄉里，黑潮希望以這本不算很成熟、卻是第一線解說員書寫眼中熱愛的自然生態風貌的合輯，獻給這許許多多的台灣心，並願共同祝禱台灣僅存的自然生態風貌別再改變，希望更多的人能投入維護台灣自然環境的希望工程，更希望重見福爾摩沙美麗島不再是遙不可及的夢想。　　　　　　（本文作者為黑潮海洋文教基金會董事長）

contents

海上驚遇抹香鯨（黃文琴 攝影）

海 上 生 態 旅 遊
——賞鯨

和鯨豚的另一種可能

翻閱捕鯨歷史資料，台灣曾經有過輝煌的捕鯨紀錄。年代並不久遠，捕鯨基地設於南台灣墾丁，曾經參與捕鯨的人們，有些還住在那裡。他們家中還保留著當年捕鯨的一些器具或照片，墾丁的居民或許還有些孩童時圍繞在捕獲的大型鯨旁的記憶。

從日據時代起，捕鯨技術從日本移入，長達30多年的捕鯨史，讓墾丁南灣的海水被鯨類的血液染紅，久久無法讓浪潮洗去。

談到鯨魚海豚肉，這可要問問依海維生的人了，早年窮困的生活中，面對一出海就有上千隻的海豚的盛況時，鯨豚一般被認為是可利用的蛋白質來源，那個年代的經濟環境背景，捕鯨、殺鯨是可以被理解的。

問問老討海人：「吃過海尪（鯨魚）海豬仔（海豚）肉嗎？」

「當然吃過！」老討海的立刻又補充說：「現在不行了，牠們是保育動物，吃了會被抓！」

吃鯨豚肉一定是錯的嗎？

這個問題會因年代不同而有不一樣的答案。

自認為是萬物主宰的人類，習慣將自然生物都視為可以任人宰割的物品。然而，當我們的食物來源已經不再短缺的現代，也許，我們可以進一步思考這個問題——我們與其他生物之間難道只有吃與被吃的關係嗎？自然生物是否都只能作最低層次的利用僅提供我們滿足口腹之慾之需？對於自然資源的使用是否存在著另一種可能？

一九九○年澎湖殺海豚「沙港事件」震驚了全世界，國際譴責聲浪不斷，逼得台灣相關單位趕緊把鯨豚列在保護動物的名錄上。然而，對於生活在我們海域裡的鯨豚資源，身為一個海島國

家的居民，我們到底了解多少？

一九九六年，台灣第一個民間海上工作團隊出現了——「台灣尋鯨小組」——組員中無論是對海豚的迷戀，或是對海洋的好奇，尋鯨小組不顧一切的下海，朝著和海洋親善接觸的夢想出發。浪漫情懷也好，自由憧憬也好，尋鯨小組的工作成績，揭開了台灣陸地和海洋的和解之夢。

一九九七年台灣第一艘賞鯨船在花蓮開航了，5年以來，台灣民眾終於可以突破陸地樊籬來到海洋世界徜徉，體驗海洋的空氣，感受海洋的遼闊與巨大，接觸海洋的豐美及海洋的深邃。一九九七年後，我們得以有機會用另一種角度與鯨豚相處。牠們不再只是電視上或外國影片中的題材，也不再只是海洋公園中受人豢養控制的表演寵物。台灣的鯨豚，牠們真實存在於我們沿岸海域，牠們是我們的厝邊隔壁。

來到海洋，來到鯨豚的家園，我們的心情可以與牠們一起躍動，我們的眼神可以和牠們和緩對望……。我們與鯨豚之間是可以在太平洋上同步呼吸的平等生命。

站在清水斷崖上，遙望花蓮外海，海洋裡若是少了海豚跳躍的水花，將會是什麼樣的海洋？站在鵝鑾鼻公園內的觀海亭上，遠眺著台灣最南端的兩個岬角之間，若大翅鯨重回這個海灣，我們的海洋將會有什麼不一樣的故事發生？

將來的事，我們誰也無法臆測，只是，相當確定的是，能夠和海域裡的鯨豚和善相處，我們的生命將不會太孤獨！

（文／黃文琴）

花紋海豚母子悠游大洋（王緒昂 攝影）

生態旅遊的概念 《賞鯨的基本態度》

賞鯨活動近年來已然成為台灣的明星休閒產業，而各家業者似乎也相準了這塊大餅，紛紛詢價、集資、造船、開公司……，若純然已產業發展的眼光來看，這是蓬勃發展的現象。

快速發展並不一定是好事。以觀賞野生動物為主的海上賞鯨活動，必需嚴苛的以不妨礙鯨豚生活權利的考量為最高準則。也就是說，賞鯨活動必需考慮資源容量問題。業者若沒有永續經營的理念，一味作量的追逐，這蓬勃發展的現象將有可能短促如曇花一現。

賞鯨活動對海上鯨豚的生活，無可避免的會造成一定程度的干擾。因此，單位海域面積裡賞鯨船的密度必需有所限制，賞鯨船接觸鯨豚的方式也得有所規範，甚至遊客的賞鯨基本態度也得透過行程規劃來補充。所以，船長的素質、解說員與解說內容的良窳、業者的經營理念等等都不得忽略，這是賞鯨活動為永續發展而不得不的自我限制。

這是因果關係，若因為賞鯨活動而使海域裡的鯨豚資源不再，賞鯨活動也將不復存在。參考世界上許多賞鯨國家，無不為永續經營而致力於賞鯨船數量的管制及賞鯨規範的建立。這雖然會讓賞鯨活動的發展有所限制，但資源的確保，加上賞鯨活動品質的提昇，長遠來看，卻是賞鯨活動歷久不衰的不二法門。

賞鯨活動若要走得長遠，應該設定為是一種海洋生態旅遊，走出過去台灣觀光產業的遊客導向、人工化、通俗化、粗糙化、短視近利的泥淖，走出到海上「走馬看花」，或到海上「看海豚馬戲團表演秀」的心態。

透過行前解說，遊客們在登船出海前即對海洋環境、鯨豚生

態、安全需知及賞鯨態度有基本程度的認知；透過船上解說讓遊客瞭解及欣賞過程中所經歷的事物；與鯨豚接觸時，在觀賞的同時也由衷感受到尊重海洋生物、保護海洋資源的必要。

當然，以上的旅遊行程只是基本條件。一般理想的生態旅遊賞鯨船，還能透過環境關懷、生態意識、漁業文化及當地民情風俗等多元情意分享，讓賞鯨船具備海洋生態教室的功能。一趟理想的海洋生態旅遊，遊客們將會感覺到我們的海洋，並進一步關懷我們的海洋。

生態旅遊是一場心靈的饗宴，從接觸海洋到認識海洋到關懷海洋，賞鯨船及其提供的旅遊行程所扮演的是橋樑角色——讓遊客們走過這座橋，看見我們的海洋。

因此，在進行此種賞鯨活動時，除了「不要把焦點放在鯨魚海豚身上！」外，更應建立對於周遭海洋環境的體驗與觀察。如此，賞鯨活動將變得更為多元與豐富。

以下，為生態旅遊提出一些基本定義，期望使得您從事海洋生態旅遊活動時，能對生態旅遊與一般旅遊的差別有所體會。

（一）合理運用在地資源，並尊重在地文化之旅遊方式。

（二）維護社區概念並強調由在地居民主導與公平原則的旅遊方式。

（三）強調在地資源保育與永續經營的旅遊方式。

（四）具有環境教育意義的旅遊方式。

賞鯨 Q&A

以下是參與賞鯨活動的朋友通常詢問的問題，我們以花蓮海域的賞鯨活動爲例，提出回答及建議。

 什麼是生態旅遊？賞鯨算嗎？

▲：生態旅遊是一種以自然與觀光相結合的旅遊活動。

生態旅遊的意義，在於整個旅遊過程中試著將人拉回自然的定位中，將旅遊對於環境的衝擊減到最小；並於旅遊過程中建立以生物爲中心的環境倫理，對於自然資源做一合理與負責任的利用（Responsible travel）；並且融入當地居民與文化參與的概念，將生態旅遊定義爲：至相當不受干擾或未受污染的自然地區旅遊，且懷有學習、尊重、讚賞與品味自然的態度，並融入當地的生活，強調永續、環境教育與自然倫理的旅遊模式。

賞鯨，是一種遊客到野外來進行的一種自然體驗、生態觀察，著重的是一種體驗與傾聽自然的律動。因此，在進行賞鯨的過程中有解說員在旁輔佐，以環境教育的方式引導著遊客來進行這樣的生態體驗，這樣的過程自然就是一種生態旅遊。

 大概要到什麼地點可以看到較多的鯨豚？

▲：不一定。

因爲賞鯨屬於一種自然體驗與野外觀察，故它有許多不確定的因素，例如種類、時間、海況等許多不確定因素。與海洋公園最大的不同是，我們並不確定一定可以與哪一種海豚在哪一片海域相遇。所以，整個航程中，尋鯨的過程，就是一種等待與體驗自然生命的機會。

在海上，我們有可能遇到飛魚、大魟魚、鬼頭刀等各種魚類，也有可能體驗環境破壞與污染對於海洋的影響，當然也有可能發現大型鯨的蹤影。因此，海洋將會以什麼風貌出現在我們眼前，我們不必去設限，那當然也就沒有任何的界限。

 可以看到很多不同的種類或是大型鯨嗎？

▲：花蓮海域常見的鯨豚種類有：花紋海豚、飛旋海豚、熱帶斑海豚、弗氏海豚、瓶鼻海豚、偽虎鯨等六種中小型鯨。當然也可能有虎鯨、抹香鯨、領航鯨、喙鯨等中、大型鯨類。只是，綜合的說來，在花蓮海域賞鯨主要的目標還是以小海豚為主，大約平均發現率為95％左右，只是大型鯨的機率相對的來說只是很小的一部份而已。因此建議「不要把目標鎖定在大型鯨上」，小海豚有小海豚特有的跳躍、船艏乘浪、快速前進的靈動，是其他大型鯨無可比擬的；相對的在數量上也比大型鯨要來得多。

所以，賞鯨在花蓮海域正式的名稱應該是「賞鯨豚」才正確！

 聽說早上和傍晚可以看見較多的鯨豚，對嗎？

▲：不對！根據本會過去登錄的資料，一天之中幾乎每個不同時間出海賞鯨豚，發現的機率其實是差不多的。只是，在夏季酷暑季節，清晨的航次與黃昏的航次比較涼爽，在遊客的舒適度來說是比較有利的時段，並非清晨或是黃昏鯨豚較多。

 賞鯨，一年四季都可以嗎？

▲：因為東北季風的影響，所以在花蓮的賞鯨豚季節大約在每年的三月到十月，而七、八月因為海面狀況較為平穩，又適逢暑假時間，是賞鯨豚的旺季，尤其是星期六、日，若無事先預訂，則有可能因客滿而無法上船。

熱帶斑海豚（廖鴻基 攝影）

　　到了冬季，並非就沒有鯨豚！因為一年四季都有不同的種類或遷徙、或定居於花蓮海域，甚至秋冬發現大型鯨的機率更高。因此，無法出海的原因是因為東北季風期間，海面上風強、浪大，不利於觀察，而遊客亦無法承受如此之劇烈搖晃，為安全考量，除非東北季風暫歇的空檔將視情況出海賞鯨豚外，通常十月到隔年二月為賞鯨的淡季。

　為什麼各家賞鯨公司的價格會有差異，不都是賞鯨嗎，那有什麼差別呢？

▲：生態旅遊最重視旅遊的品質與環境的體認。因此，「解說」扮演著舉足輕重的地位。因為，透過解說，遊客才能夠以更貼近原始的風貌與正確的環境觀來看待此一海洋生態旅遊活動。所以，除了船隻的差別外，其他在服務品質、專業程度、解說品質、環境概念上各家賞鯨業者均有不同。遊客可經由網路資料的蒐集、詢問他人意見或是電洽賞鯨公司詢問相關事宜，作為評估及選擇的參考。　　　　　　　　　　　　　（文／曾永平）

舒適的海上旅遊

離開陸地，隨著船隻引擎燃動，潮水陣陣漾開。期待與海上鯨豚相遇的心情，也似潮流載覆起伏。有時天色和潮水分明晴朗，有時晦暗的雲靄緩緩自山的一隅匍伏蔓延，沒有一天是一樣的雲夕、一樣的海上遭遇。

享受一個舒適的海洋賞鯨生態之旅，除了事前資訊準備，包括閱覽鯨豚資料、海岸路線及風貌等旅遊資訊的閱讀及交通食宿資料的收集外，令大多數人畏懼的暈船、中暑、紫外線傷害等，也得作好事前準備。

如果事前皆有所準備並加以防範的話，相信這趟海上尋鯨記，將比較有機會是一趟舒適的旅遊。

花蓮港的賞鯨船

暈船的賞鯨民眾（戴惠莉 攝影）

暈船

　　暈船的起因，在於我們太習慣於陸地穩固的生活方式；也就是說，我們搭船航海的經驗太少。即使風平浪靜，船隻甲板也會隨浪湧動不息，出海時，海面的顛簸會造成內耳平衡神經適應不良，有些人的內耳前庭和半規管過度敏感，當海上航行時，由於直線變速運動、顛簸、擺動或旋轉時，內耳迷路受到機械性刺激，出現前庭功能紊亂，而導致暈船。

　　暈船藥不見得對每個人都有功效，最好的事前防範措施是，確定登船時保持最好的體能狀態，所以，登船前一天確定是否有充足的睡眠、正常的飲食，這會比任何暈船藥都更有效。反之，酗酒、熬夜、亂吃亂喝或不吃不喝都比較容易導致暈船。

　　另外，放鬆心情也很重要。根據統計資料，有許多暈船現象來自於心理因素，換句話說，過度擔心暈船反而會導致暈船。所

以，出海前，轉移自己對暈船這件事的在意，抱持愉快的心情及信心出海，對海上的適應將會有很大的幫助。

若非得藉暈船藥來建立信心，請於登船前30分鐘服用，並請依照藥劑說明量來服用，切忌過量服用。

登船後，請避免靠近引擎部位（引擎通常設於中艙船底），以免受機油味刺激，最好是選擇在通風良好的位置，船頭或艙外甲板是不錯的考慮，讓自己在船上擁有寬闊的視野的位置將可分散不適的感覺。

中暑及曬傷

海面上由於陽光反射強烈，賞鯨季節又大都在炎陽高照的夏日，所以，事前防曬準備措施不能偷懶。

雖然炎炎夏日，事實上海上都有海風吹拂，不致於感覺太熱。穿著上以淺色薄長袖外套、長褲及平底鞋最爲恰當；戴頂有下顎繫帶的帽子（防止海風吹走）；請於出航前30分鐘擦上防曬乳液，並將防曬乳液攜帶上船，一趟賞鯨行程海上航行時間大約2.5～3小時，若行程中一直曝曬在陽光下，有必要補擦防曬乳液；戴一副太陽眼鏡多少能擋掉海面反射的刺眼光熾；多喝水，隨時補充體內水份。以上各項若能充分準備，就能避免曬傷或中暑。

觀察用裝備

觀察用裝備視個人需要做準備，攝影機、照相機、望遠鏡、鯨豚圖鑑或筆記本、筆等，以輕便小巧爲原則，切勿過多、過重裝備形成累贅。

準備出海

做好這些基本準備後，請懷著輕鬆愉快的心情出發，到船公司報到，聽取行前解說後，隨著船隻，享受一趟舒適的海洋賞鯨生態之旅。

（文／戴惠莉）

注意事項：

1. 請保持一顆愉快的心情，並有充足的睡眠與正常的飲食。
2. 請記得攜帶（成人）身份證或駕照及（小孩）戶口名簿影印本或健保卡。
3. 建議穿著及攜帶裝備物品：穿著平底鞋、薄長袖長褲、遮陽帽、太陽眼鏡等。請隨身攜帶防曬乳液、飲用水、望遠鏡、照相機、筆記簿、輕便雨衣等。
4. 不建議使用暈船藥，因為會養成依賴性。若真要服用，請於登船前30分鐘前服用。
5. 請遵守船長及服務人員之說明與指示，並穿著救生衣。
6. 垃圾請放置於船上垃圾桶內，請勿拋入海中破壞海洋環境。
7. 請於出發前與您的船公司確定您的訂位完成，確保您的權益。
8. 若天候不佳，請密切與船公司保持聯繫，以確定航次是否取消或更改時間。

（文／曾永平）

花蓮港的賞鯨船

海上賞鯨豚

水璉鼻海岸旅行（廖鴻基 攝影）

賞鯨在花蓮

花蓮海洋環境

海床

花蓮海岸長124公里，面對浩瀚太平洋，位於平均深度深達6,000公尺之「花東海盆」西緣。花蓮海域海床陡降，沿岸深度200公尺以內之大陸棚窄短，離岸6浬即深達3,000公尺以上。

洋流

海洋並不是像果凍般靜止不動的，受地球自轉、風力、潮汐及沿岸地形等影響，海洋流動、喘息、吐吶，變化多端、神秘莫測。海洋活絡的流轉著，而且永不息止。

花蓮海域主要受「黑潮」（北赤道洋流）的影響。黑潮寬約100公里，深度達700公尺，是一股流速及流量都相當穩定的洋流。黑潮水色黝藍，水質清澈、高溫（約28～32度）、高鹽（鹽度35/1000），始終以約三到四節的速度由南往北流動。花蓮海域因海床陡降、深邃，黑潮因而得以迤邐靠岸。

花蓮沿岸另一股洋流稱為「沿岸流」。沿岸流日以繼夜承受來自陸地大小河川沖刷下來的大量泥沙及有機質，因此沿岸流海水顏色呈青綠色，水溫約26度，鹽度僅33/1000，流速不定，流向受沿岸地形及季節風影響而混雜多變。

黑潮近岸沖刷過花蓮沿海，與岸緣的沿岸流接觸，不同性質的水塊在海域裡磨擦、推擠，於是在海域裡生成好幾道彎彎曲曲兩邊色澤分明，甚至兩邊波浪弧度不同的交界線——「潮水交界線」，簡稱「潮界線」。

潮界線也被稱作「海洋生命線」，潮界線推來擠去，匯聚許多浮游生物，吸引了小魚、小蝦前來覓食，也吸引了獵食性魚群及

多層次水色的花蓮海域——磯崎（廖鴻基 攝影）

海鳥徘徊。花蓮討海人常以潮界線作爲撒網及放餌鉤的標線。

　　花蓮討海人將潮流概略分爲三層，以水色深淺分別，靠岸沿的沿岸流被叫作「白流」；離岸稍遠的黑潮主流被稱爲「紅流」；黑潮與沿岸流夾挾的黑潮支流稱爲「二層流」。

　　花蓮海域因潮流交會，離岸越遠潮流水色越深，水溫越高，鹽度越大。不同性質的水塊在沿岸交會，宛如不同的海洋生命體在海域裡擁抱、交融，孕育出花蓮海域多樣的海洋生態。

花蓮海洋生物資源

　　由於大陸棚窄短，花蓮底棲魚類並不發達，但因爲黑潮靠岸，爲花蓮沿岸海域帶來豐富的洄游性魚類。乾淨的海水及豐富的食物，也吸引了多種多量的鯨豚靠岸覓食及休息。　　（文/廖鴻基）

花蓮賞鯨的春夏秋冬

　　賞鯨是戶外活動，一般戶外活動因為受季候影響而有限制。賞鯨是海上活動，更是受制於天氣及季節的變化。

春

　　春天，台灣野百合盛開的季節，花蓮市北郊的奇萊鼻曾經是它們的大本營。雖然頂著東北季風的吹拂，但是台灣野百合卻依然挺拔的站在迎風面的山坡上。隨著春天腳步接近尾聲，東北季風也悄悄地、漸漸地沈靜了下來。3月此時為春夏交界時節，強弩之末的鋒面還偶爾探過台灣頭推臨到花蓮海域，這季節的季候形態變化多端，經常一陣陣綿密春雨將花蓮的山色潑灑得更為青翠蒼鬱，鋒面一旦過去，3月草長，海面平復得相當快，海洋是打開了關閉了一季的門扉，賞鯨船開鑼出航。

　　3、4月若是安排賞鯨活動，請密切關心氣象預報資訊，賞鯨業者也會機動的與你保持連繫。

夏

　　夏天，花蓮高聳的山頭大約近午時分就會堆積厚厚的積雲，因為夏季熱對流旺盛，午後也許就會下一場地形雨。海面上的積雲也在夜幕低垂時悄悄地發展，這時節花蓮海域盛行東南風，但海況大致穩定，東南風近午時吹起，一般會在傍晚時息止，所以花蓮討海人以「南風驚鬼」來形容南風。

　　6月火燒埔，天氣酷熱，檳榔樹在村落裡結穗飄香。5～10月，海面通常蔚藍平靜，避開颱風的騷擾，這時節是一年當中花蓮海域最合適海上活動的季節，也是一年中的賞鯨旺季。

學甫（廖鴻基 攝影）

新社（廖鴻基 攝影）

磯崎鼻（廖鴻基 攝影）

七星潭（金磊 攝影）

秋

　　秋天，第一道鋒面到達，宣告著東北季風正式登場。近幾年來因為南太平洋海水溫度年年升高的關係，位於東南方的熱帶氣旋，顯得蠢蠢欲動；而北方的高氣壓勢力亦不遑多讓地向南擴展，於是台灣成為鋒面交雜的角力場所。有時豔陽高照，有時強風疾雨，海面上的狀況更是高低起伏，一來要防範秋颱的危害，一來又要承受海上無情的季風。

　　11月黃菊唇邊開，海上活動季節將近尾聲。但此時大型鯨的遷徙長征計畫才悄悄地在花蓮外海開始上演！

冬

　　冬瑟春寒，12月到隔年2月間，通常寒風慄慄，海面經常白濤巨浪，對海上賞鯨活動而言，海洋形同關閉。這時節，海洋只容大型鬚鯨千里海上洄游。可惜強勁東北季風往往讓人無法出海一睹大型鯨的芳澤。陸地上，甜根子草、蘆葦盛開，它們近在讓人伸手可及的路旁、湖邊、河畔、山腳……，在花蓮的野地裡綻放。

　　時間不息流轉，花蓮的季節豐富而多變，加上陸地及海域裡豐富多樣的生命，花蓮被譽為是「台灣最後一塊淨土」。

（文/廖鴻基）

石梯港（廖鴻基 攝影）

花蓮賞鯨資訊

一九九七年，台灣第一艘賞鯨船由花蓮石梯漁港啓航，帶動了台灣賞鯨事業的蓬勃發展。花蓮賞鯨遊客由初期的6,000名，一九九九年成長至25,000名，至二〇〇〇年攀昇至70,000人次，今年，預估將突破100,000人次關卡。

全台各賞鯨點（宜蘭、花蓮、台東）預估賞鯨船之總數已到達20艘以上。台灣的賞鯨業被國際動物福利基金會（International Fund for Animal Welfare, IFAW）列爲全世界賞鯨發展最快速的地方。

目前，花蓮縣的賞鯨豚活動，可選擇在花蓮港或石梯港出海。目前兩個港口共計有10艘賞鯨船，分別由七家業者經營賞鯨豚事業。花蓮港之業者走向以海洋生態觀察爲主軸的賞鯨活動；石梯港則以原住民風味爲號召，各具特色。

船隻方面，花蓮的賞鯨船多以娛樂事業專用漁船申請新建，大多為20噸級船舶，可承載30～40人；最大船隻為多羅滿賞鯨公司的50噸賞鯨船，最大可承載83人。

費用方面，成人1,200元；12歲以下，3歲以上850元；3歲以下，65歲以上酌收保險費、手續費300元。

花蓮賞鯨業者基本資料介紹：

■由花蓮港出港的賞鯨船：

● 多羅滿一、二號
03-8333821
花蓮市民權路37號
網址：www.turumoan.com.tw

● 花東鯨世界一、二號
03-8238000
花蓮市中美路315-1號
網址：www.huadong.com.tw

● 黑龍一號
03-8222718
花蓮市中興路15號
網址：www.halongship.com.tw

● 鯨華號
03-8225587
花蓮市中華路183號
網址：www.china-whale.com.tw

● 太平洋號
03-8781022
花蓮縣吉安鄉仁安村海濱53號

■由石梯港出港的賞鯨船：

● 海鯨一、二號
03-8781233
花蓮縣豐濱鄉港口村石梯灣96號
網址：www.seawhale.com.tw

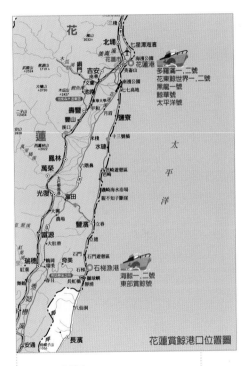

花蓮賞鯨港口位置圖

● 東部賞鯨號
03-8781041
花蓮縣豐濱鄉港口村石梯灣81號
網址：www.cetacean.com.tw

◎各家解說、價格、船隻互有些許差異，請自行比較及選擇。

（整理／曾永平）

飛旋海豚（王緒昂 攝影）

花蓮賞鯨

圖鑑

鯨類概說

鯨類的起源

　　從解剖學的觀點看來，鯨類的許多特質都顯現了對於海中生活的高度適應，然而，解剖學上的證據，並不足以解答許多有關鯨類起源的問題。但是從生化與遺傳學的角度來看，鯨類與有蹄類關係較近，且化石記錄（約5000萬年前）也支持鯨類是由有蹄類演化而來。

　　鯨類的祖先，極可能是產於北美、歐洲與亞洲的陸棲有蹄類動物──中爪獸科（Mesonychidae）。中爪獸的成員有的嬌小如家犬，也有的高大如熊，但是許多動物的演化過程都是由小而大，因而鯨類有可能是由小型的中爪獸演化而來。

　　根據推測，這些齒數不多，在淺水區捕魚的中爪獸，經由逐漸轉變為水陸兩棲的生活形式後，再於漫長的演化過程中變成今天的各種鯨與豚。

　　目前已知，最早出現的鯨類為古鯨亞目（Archaeocetes）原鯨科（Protocetidae）。

中爪獸（張瑞芳　繪圖）

原鯨（陳惠芳　繪圖）

械齒鯨（陳惠芳　繪圖）

原鯨科動物均出現在5000萬年前，化石分布在亞洲、非洲及北美。科學家對於在現今巴基斯坦被發現的Pakicetus的了解較多，這個生活在5300～5000萬年前的生物化石，是個噴氣孔（鼻孔）已移向後方，具有狹長腦室，且仍具有後肢的動物。在同時期的印度岩層中發現的化石證據也顯示，在早期的鯨類間，已經有著難以想像的高度生態歧異性。

　　較先進的古鯨亞目動物，是曾經被認定為爬行動物的械齒鯨科（Basilosauridae）。這個科的動物大約存活在4500～3800萬年前，雖然最早在路易絲安娜州被美國地質學家發現，但類似的化石也廣泛的在紐西蘭甚至南極被發現。這發現顯示古鯨亞目在4000萬年前便已擴散到南方水域。

　　較先進的古鯨亞目中另一分支，是至少包含有6種動物的Dorudontinae，他們有較窄小的上顎，可能為濾食性；或是像現生大多齒鯨般，能藉此構造迅速夾住魚、烏賊及鳥。

　　經歷漫長的演化過程後，古鯨亞目終於在漸新世（Oligocene）走入滅絕一途。但鯨類家族中的另外兩個分支，即鬚鯨亞目（Mysticeti）與齒鯨亞目（Odontoceti），卻走出了過去的歷史，衍生出13科近80種的各類迷人生物，充實了我們的海洋生命力。

現生鯨類的分類

　　對於長年在海上工作的海事人員，鯨類應該算是一群極為熟悉的海洋生物。而在漫長的海上生活裡，經年累月的觀察中，也就自然在腦中形成了對於這類生命的獨特見解。

　　台灣漁民的鯨豚分類系統中，主要以外形為分類依據，比作業船隻大的鯨豚謂之「海翁」，此外統稱為「海豬」或「海鼠」（澎湖）。海翁中尚有所謂「正海翁」的「牙刷嘴」（鯨鬚），以此區分抹香鯨和鬚鯨類。而海豬又因外型不同，而有「和尚

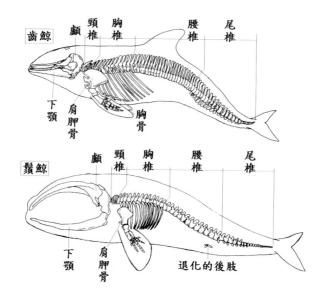

齒鯨鬚鯨骨骼（王緒昂 繪圖）

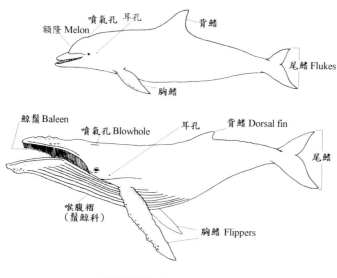

齒鯨鬚鯨外型（王緒昂 繪圖）

頭」、「白肚仔」或「花鹿仔」的各種俗名。

這樣的分類方式，固然顯示了海事人員的敏銳觀察力與極為趣味的命名法則，但是以長度或色彩為基礎的分類系統，卻容易產生標準不一的困擾。科學家將現生的鯨類主要分為兩群——齒鯨亞目及鬚鯨亞目。

鬚鯨亞目的特色在於牠們被稱作「牙刷嘴」的鯨鬚，欠缺牙齒的牠們以此獨特的構造行濾食生活。此亞目包含露脊鯨科（Balaenidae）、小露脊鯨科（Neobalaenidae）、灰鯨科（Eschrichtiidae）與鬚鯨科（Balaenopteridae）。鬚鯨類大致符合漁民的「海翁」概念，一般而言鬚鯨類體型較為壯碩，然而也存在著小露脊鯨（6.1m）與小鬚鯨（10m）這樣的例外。

行掠食生活的齒鯨亞目動物均有牙齒，惟齒數因食性差別，而有2至數百枚多寡不一的現象。齒鯨除大部分生存在海洋的種類外，尚包含生活在河海交界與純淡水域的種類，有抹香鯨科（Physeteridae）、小抹香鯨科（Kogiidae）、一角鯨科（Monodontidae）、喙鯨科（Ziphidae）、海豚科（Delphinidae）、鼠海豚科（Phocoenidae）、恆河豚科（Platanistidae）、亞河豚科（Iniidae）與拉河豚科（Pontoporiidae）。齒鯨類有的有著狹長的吻端、有的頭部圓潤嘴喙並不明顯；體長的分布從1.5m（Cochito）到18m（抹香鯨），外部形態差異極大。

（文／王緒昂）

參考資料

Leatherwood, S., R. R. Reeves and L. Foster. 1983. The sierra club Handbook of Whales and dolphins. Sierra Club, San Francisco, USA.

Fordyce, R. Ewan. 1988. Evolution. In: S. R. Harrison and M.M. Bryden (eds). Whales, dolphins and porpoises. Facts On File Publications, New York.

鯨豚的海上辨識

　　在茫茫大海中遭遇鯨豚時，想要迅速而正確無誤的辨認出鯨豚種類，其實並不是一件簡單的事。然而，長年在海上觀察及研究的觀察員、解說員或賞鯨船船上的工作人員，對一般常見的鯨豚都能快速的以經驗作出判斷。

　　如果您對鯨豚的辨識感到興趣的話，下列辨認要領，可作為您海上鯨豚辨識的參考。

外部形態

體型大小

　　當鯨豚體型大小差異不大時，也許很難以體型區分，但體長仍不失為一重要的判別依據。

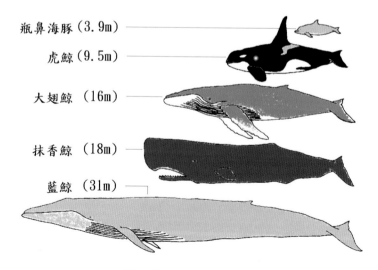

瓶鼻海豚（3.9m）
虎鯨（9.5m）
大翅鯨（16m）
抹香鯨（18m）
藍鯨（31m）

鯨豚體型比較（王緒昂 繪圖）

吻端的形式

是否有突出的吻端？吻端是細長還是粗短？

背鰭的形狀

無背鰭（露脊鼠海豚）？鐮刀狀（斑海豚）？三角形（弗氏海豚）？或是圓鈍（偽虎鯨）？

體色或花紋

鯨豚主要體色為黑、褐、灰、白及粉紅色。各種鯨豚有其特殊體色。斑點或刮痕也是辨認他們的一種方式，譬如熱帶斑海豚身上的斑點；花紋海豚皮膚上的白色刮痕等等。

噴氣方式

噴氣高度

鯨豚為海洋哺乳動物，因此，大大小小每一種鯨豚都得將鼻孔（噴氣孔）露出水面進行換氣。因為他們的憋氣潛行能力都很強，當浮出換氣時會將肺裡面的空氣用力呼出，因為壓力、溫差關係，噴出的氣體往往會在海面上方凝成水霧狀，像水面上散放的一朵白色霧花。當然，體型越大的鯨類肺活量越大，其噴氣也會越高、越明顯。一般小海豚也都會噴氣，只是相較之下，噴氣不高而且不明顯。

噴氣角度

鬚鯨亞目的鯨種外觀上都有兩個噴氣孔，所以鬚鯨的噴氣通常會出現兩股霧氣；齒鯨外觀上只有一個噴氣孔，所以噴氣通常形成單束狀。鯨豚的噴氣孔長在頭頂，不同種類會因為噴氣孔位置不同而有噴氣角度的差異。譬如抹香鯨，他的鼻孔長在頭前左端，因此抹香鯨噴出的霧氣是斜在其頭側左前方。

〔領航鯨〕

〔熱帶斑海豚〕

〔弗氏海豚〕

〔瓶鼻海豚〕

〔虎鯨〕

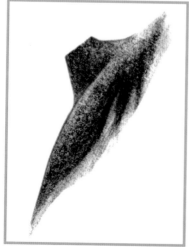

↑〔飛旋海豚〕

←〔瓶鼻海豚〕

各類鯨豚的背鰭形狀〈陳惠芳 繪圖〉

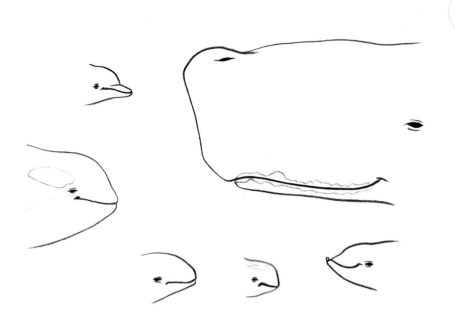

〔嘴喙的大小也是辨識的方法〕

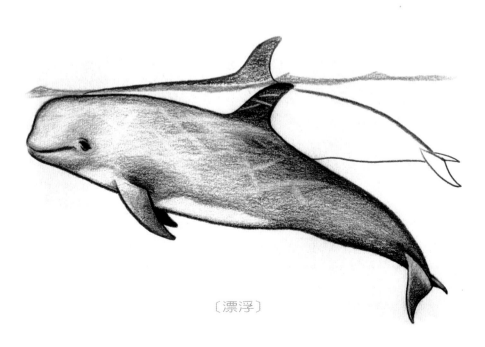

〔漂浮〕

〔船首乘浪〕

行為特徵

各種鯨豚習常會有各種不同的水面行為，當觀察經驗累積到一定程度後，藉由行為的差異，也能作辨識依據。

個體行為

各種鯨豚多少都會有水面跳躍行為，每種鯨豚的跳躍能力及特色各有不同。譬如：空中旋體（飛旋海豚？）、高空跳躍（熱帶班海豚？瓶鼻海豚？）、半身躍水（花紋海豚？）等等。

群體行為

鯨豚或遊戲或群體行進時，各種鯨豚因個體間距離不同而會有不同的隊形及其擾動的不同水花。譬如：緊密的聚在一起，擾動敲鑼打鼓似的熱鬧水花（弗氏海豚？）；分成小組散佈在大範圍海域擾弄這裡一朵、那裡一朵水花（花紋海豚？）；排列成「一」字橫隊，一起往同個方向游進（偽虎鯨？花紋海豚？）。

海上辨識會因為環境因素不同，譬如，光度、風力、接觸角度不同都會有誤判的可能。所以，建議您的海上辨識可以在解說員趨近鯨豚的解說過程中，比對上述方式來進行，將會有事半功倍的效果。總之，海上辨識能力最主要是經驗的累積，與鯨豚接觸越頻繁、相處時間越久，就越具備辨識的能力。把握每一次接觸的機會，細心觀察每一種鯨豚的各種特徵，這也是生態旅遊的重點也是生態旅遊的特色。

（文/王緒昂）

〔尾鰭〕

〔浮窺〕

〔側身擊浪〕

〔跳躍〕

〔翻轉〕

（張瑞芬 繪圖）

飛旋海豚（王緒昂 攝影）

花蓮海域常見鯨豚

弗氏海豚（*Lagenodelphis hosei*）

瓜頭鯨（*Peponocephala electra*）

抹香鯨（*Physeter macrocephalus*）

花紋海豚（*Grampus griseus*）

虎鯨（*Orcinus orca*）

飛旋海豚（*Stenella longirostris*）

偽虎鯨（*Pseudorca crassidens*）

瓶鼻海豚（*Tursiops truncatus*）

短肢領航鯨（*Globicephala macrorhynchus*）

熱帶斑海豚（*Stenella attenuata*）

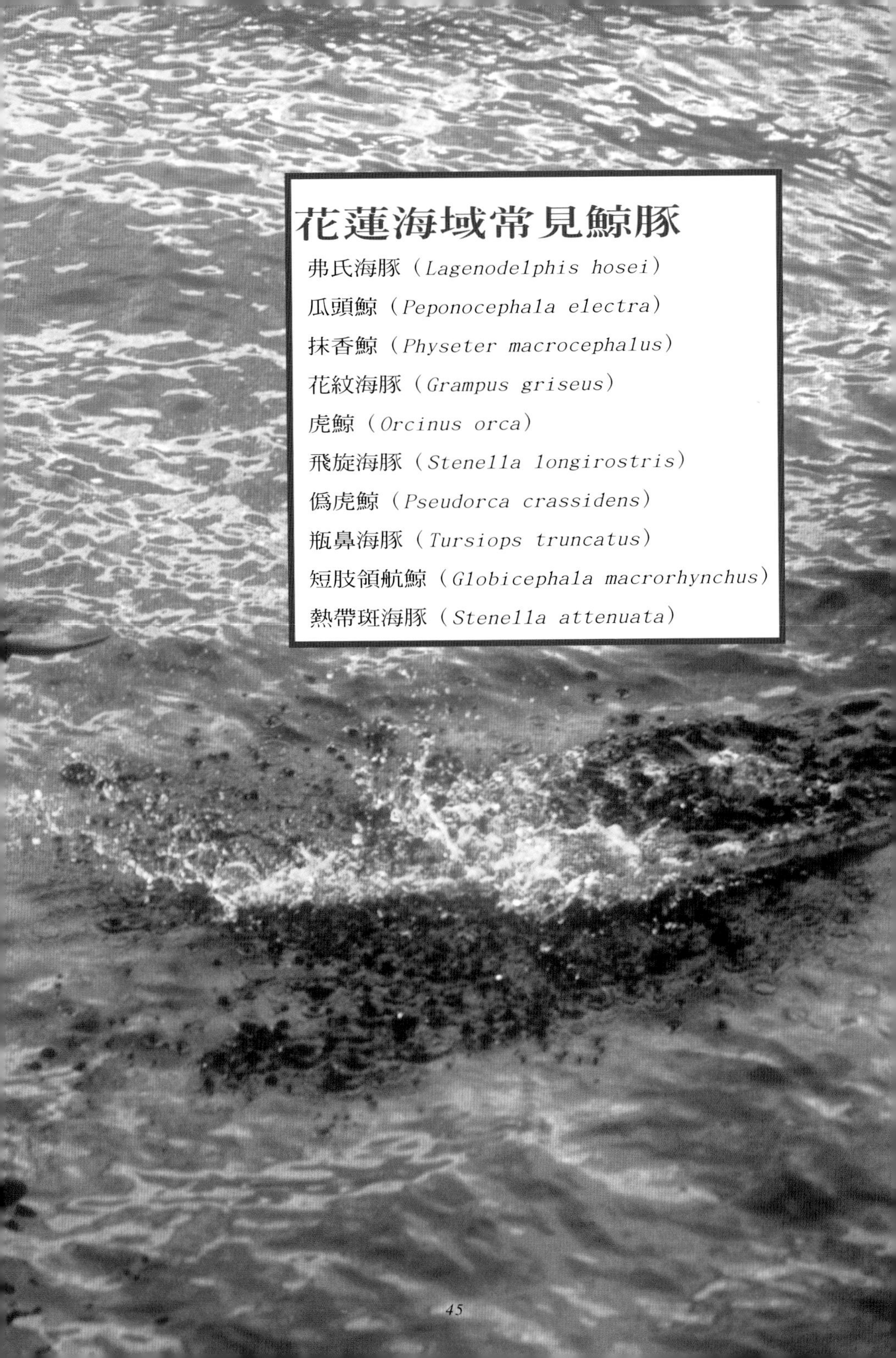

弗氏海豚 [Fraser's Dolphin]

學名：Lagenodelphis hosei

最大身長：2.6m 最大體重：210 kg

弗氏海豚是1956年才在沙勞越（Sarawak）被鑑定出的種類，他們是屬於熱帶海域的海豚，主要以魷魚、甲殼動物與深海的小魚為主食。

相較於他超過250公分的成體體長，這種動物的胸鰭、背鰭與尾鰭都相當的小。小而顯著的三角形背鰭，身體藍灰、腹面粉紅，身軀圓胖且嘴喙不長等是弗氏海豚的形體特徵。面部的黑色過眼帶，也是他們極為醒目的特徵，然而，為何有些成熟個體的黑色帶並不明顯，仍需進一步驗證。

弗氏海豚生性害羞，族群中個體彼此的間距小，因而海上觀察時，總看到群中個體數從百隻到數千緊密而快速地在海面上跳躍。弗氏海豚也常被觀察到與別種海豚混群的現象，本會過去的調查中就發現，弗氏海豚經常與花紋海豚混群出現，至於原因為何，則需要長期的觀察與研究。

弗氏海豚（王緒昂 攝影）

弗氏海豚（黃文琴 攝影）

盡情盡興的 弗氏海豚

在一個狂野、瘋狂的熾熱午後,上千隻弗氏海豚爭相浮出水面,吸吮鹽寮海域那鹹鹹的空氣!

船隻才一出港,類似阿摩尼亞的臭味撲鼻而來,抬頭仰望天空那一道由遠方煙囪排放出來的白色煙霧,因為谷地效應的作用,污染的空氣盤據在半空中久久不散。「真夭壽!」船上的遊客頻頻搖頭咒罵著。於是,就這樣船隻緩緩往外海開去。

就在屢次發現大型鯨的鹽寮外海,眼尖的老漁民船員王伯老早就看到遠方近似沸騰般的海水。他手遙指著遠方,口中唸道:「啊!真大囤(群)!歸千隻!」於是船隻推進前去,與這群上千隻的弗氏海豚進行了一場美麗的邂逅。

弗氏海豚,個性害羞,動作迅速,群體行動,而且根據以往的相處經驗,普遍來說弗氏海豚與船隻的互動並不良好。但是,或許是團結力量大的關係吧,整個家族的膽子與行為開始大膽起來,或跳躍、或飆船、或玩浪、或隱沒,整個場面宛如失控,似乎船隻的到來對他們已經不再重要。這場熱鬧中,我們也已經分不清船與海豚的差異了!此時大家高喊著:「哇!歸海攏是!」我們的心情從驚喜轉為興奮。

船隻一動也不能動的在鹽寮海域待了快要兩個小時,因為只要稍微一動就會有撞到海豚的疑慮,好不容易等到海豚漸漸遠離,船隻才得以脫身。

晚霞相伴的回航途中,突然,有一個中年人很不友善的冒出一句:「只有海豚而已喔!」此時,我久久沉思仍不得理解,究竟我們的旅遊文化出了什麼問題?

(文/曾永平)

弗氏海豚（陳惠芳　攝影）

瓜頭鯨 ［Melon-headed Whale］

學名：*Peponocephala electra*

最大身長：2.7 m　最大體重：160 kg

　　雖然書本上指出瓜頭鯨體表是黑色的，是一種體長約2.7公尺，沒有嘴喙（beak）的黑鯨類海豚。然而，黑潮海洋基金會1998與2000年的海上觀察中，卻發現瓜頭鯨的體色與圖鑑上的描述有些出入——他們面部黑褐色，除了身體表面些許淡色斑塊外，身體盡是深褐色。他們的頭部細小，嘴尖端位於頭之前方，與小虎鯨渾圓而嘴位在較下方的頭部明顯不同。除了上述特徵外，瓜頭鯨在背鰭部位有明顯的披肩斑塊，是海上辨識的重要依據。

　　瓜頭鯨是分布於熱帶與亞熱帶水域的種類，廣泛的分布或許能夠增加人們與其遭遇的機會，但似乎並沒能增進我們對他們的瞭解，現今的科學家對他們的認識仍然十分有限。

　　瓜頭鯨往往集結成大群，每群有150到1,500隻的數量，也可能與其他種類的海豚混群。雖然有著令人好奇的報導指出，曾經有瓜頭鯨獵捕從網具逃脫之海豚（Genus *Stenella*）的觀察紀錄。但瓜頭鯨主要以魷魚與各類小魚為主食，因而科學家懷疑是將小虎鯨誤認為瓜頭鯨的錯誤報導。

　　在台灣，除了本會於1998年8月在花蓮海域的首次海上觀察紀錄外，尚在墾丁、台南各地均有零星的觀察紀錄。

瓜頭鯨（黃文琴 攝影）

瓜頭鯨（黃文琴 攝影）

我的海洋朋友——

　　那是個令人尷尬的場景，在南方澳的漁獲拍賣場中，瓜頭鯨靜靜的倚在弗氏海豚身邊，躺在冰櫃旁的角落。這是我在1995年春天與這種海獸的首次邂逅。此後，每回的海上航行中，我都在甲板上期盼著，盼望能在大洋中眼見他們活生生的出現在船邊，哪怕是驚鴻一瞥也好。

　　8月15日，這日子多年來一直是我們海上觀察的幸運日。虎鯨的出現是這個日子，瓜頭鯨的出現也是這一天。這天，瓜頭鯨混群在花紋海豚群中，這是一群約50隻個體的瓜頭鯨群，在他們的一次突然轉向中，我察覺到他們。在謹慎的辨識過程後，我們終於從他略為突出的吻部與背部的暗色披肩斑塊辨識出他們。這的確是我長久等待的驚喜，瓜頭鯨終於活生生出現在我眼前。

　　身為「黑鯨」家族的一員，瓜頭鯨除了些許的淡色紋外，全身盡是單純的深褐色，那種純粹，讓每隻瓜頭鯨看來都一樣。除了色澤的特殊性，他們在海上漫遊時身軀的柔軟度，也讓人驚訝與著迷。

　　他們是「有脖子」的海豚！我們發現竟然有海豚能做出類似人的轉首觀望動作，他們有如一群生出尾鰭、突出背鰭、收斂了後腿而又將手掌轉化為胸鰭的高度特化人種。這一切，只是為了停留在海中。

　　海上破紀錄的航行後，我們回到陸地，並翻尋手邊所有可能掌握的資料，試圖對這個陌生的訪客有較深入的了解。從書本上的描述中，我們才明白其實人們對這種出沒於熱帶到亞熱帶海域的瓜頭鯨認知相當有限。此外，不知是誰為這美麗的海洋生命起了

個怪名字，似乎許多海洋生物學家都不以爲然，而我們每每叫牠「瓜頭鯨」時，總覺得命名者開了他們一個大玩笑。

此後，各地又陸續傳出發現瓜頭鯨的消息。但我永遠無法忘記確認那群海豚爲瓜頭鯨的瞬間，情緒如氣球中受壓迫的空氣所爆發出的暢快。爾後的航行，我不斷在心中默念：「我的朋友，你何時還會再來到我船邊！」

（文／王緒昂）

瓜頭鯨（黃文瑟 攝影）

抹香鯨 ［Sperm Whale］

學名：Physeter macrocephalus

最大身長：18 m　最大體重：44,000 kg

　　抹香鯨是在台灣海域的賞鯨季節中，比較容易觀察到的大型鯨類。他們的體色為暗褐色，在軀體較後方有著不明顯的背鰭，頭部極大；當他們浮出水面呼吸時，會向頭部左前噴出水霧；他們的噴氣孔非常怪異的長在頭側左端，因而在海上遇見他們時，不難由噴氣的角度辨認出他們。

　　抹香鯨有明顯的性別二形性（Sexual dimorphic），雄性個體體長可達18公尺、重44噸；雌性則僅能長到約12公尺、重16噸。初生幼鯨長約4公尺，多半在以雌性為主的家族育幼群中成長。

　　抹香鯨可能以單獨或大於50隻的群體形態出現，不同性別的個體間有明顯的分群行為。成年雄性在非繁殖季中往往獨行或成小群；未達性成熟的幼鯨，則往往與雌性個體形成為數眾多的育幼團。抹香鯨在春夏會往地球兩極移動，並於秋季返回溫帶與熱帶海域。而在分布上，雄鯨往往較雌鯨們更為趨近兩極。

　　抹香鯨主要以魷魚為食，偶爾會吃章魚或是其牠魚類。抹香鯨往往能潛到1,000公尺以下的深度，甚至有深潛至2,800公尺的紀錄（聲納探測紀錄），總之，他們是一種擅長潛水的大型海獸。黑潮海洋文教基金會於1999年的觀察記錄顯示，抹香鯨可潛在海中長達45分鐘，而在潛水前均會將那三角形的尾鰭高高舉起海面，而後幾乎垂直的沈入海中。另外，根據資料，這種大型的海洋哺乳動物甚少有水面行為，但本會亦於2001年觀察到浮窺、尾鰭擊水等行為，而國外資料畫面亦有躍出水面的行為。

　　抹香鯨曾經因為商業捕鯨而數量銳減，而在人類以石油為燃料，對抹香鯨的需求逐漸減少後，抹香鯨的族群量才逐漸恢復。在2001年5、6月間，本會就曾在花蓮海域遭遇3次，相信在護鯨成為國際趨勢的今日，抹香鯨族群的存續將會有光明前景。

抹香鯨（王緒昂 攝影）

讓我融入海洋的抹香鯨

　　從來不曾預想每一次出海會有怎樣的奇遇，海洋太大、太深、太廣，誰也不知道在深邃未知的海底，存在著什麼樣的生命？會有怎麼樣的故事？我只能任憑著好奇心隨舷邊波浪無限延伸。

　　1999年7月20日，下午3：30的航次，掌舵的船長是阿鑫伯，帶著一船遊客出了花蓮港，搜尋海洋中最亮眼跳躍的生命——鯨豚們。

　　「番鵑啊！頭前的水花很奇怪吶！」阿鑫伯用閩南話對我說。我透過望遠鏡搜尋，鏡頭裡出現了歪斜的水霧，接著看到一個拱著背鰭的巨大身影……，我的雙手已經開始發抖……，從沒想到過自己會如此幸運，想想，海這麼大、這麼深、這麼廣，我們居然選擇了這個方向、這個位置、這個時間，與這巨大的生靈同時存在在同個空間裡。我從不曾相信神蹟，但今天的遭遇我相信這是老天爺的安排。

抹香鯨（黃文琴 攝影）

船越靠越近，他們的身影就越來越巨大。「抹香鯨！」500公尺距離外，我大聲喊出他們的名字。同船的黑潮夥伴——育慈，我們兩個人開始同聲不同調的尖叫，也顧不了會不會吵到同船的遊客們，也管不了會不會嚇走抹香鯨，我們儘管大聲尖叫。這是身體和靈魂最率直的誠實反應，尖叫出這一刻我們的驚喜和震撼。

　　緊張的情緒讓我因忘記應該捲片而使一捲底片曝光，整整一個半小時，我都跪著為抹香鯨們拍照。透過鏡頭焦點，我得以專注的看著他們噴氣、憋氣、拱背、舉尾、下潛……。

　　60幾隻組成的鯨群，有的7～8隻聚成小群，有的單隻在主群外孤獨的徘徊；有的是18公尺左右的龐大身軀，有的是稚嫩跟著母鯨的小鯨。傍晚的夕陽已落入中央山脈，餘留下不捨的霞光映照在海面上。他們緩慢而優雅的噴氣，瀰漫在整個水面，我們融在這片傍晚的山海之中。

　　今天起，我又更加迷戀這片海洋了。　　　　　　（文／黃文琴）

浮窺的抹香鯨（黃文琴　攝影）

抹香鯨的尾鰭（黃文琴 攝影）

花紋海豚 ［Risso's Dolphin］

學名：*Grampus griseus*

最大身長：3.8 m　最大體重：500 kg

花紋海豚是圓頭的中型海豚，雌雄兩性成體最大體長無明顯差異，均可成長到近4公尺。隨著歲月流轉，成年花紋海豚體表的白色線條刮痕不斷累積，因而形成其特有的花白外觀。也因為每一個體的花紋均不相同，因此，可作為個體辨識的依據。

除了獨特的體表花紋外，如鐮刀般高大的背鰭也是重要的海上辨識根據。一般而言，體型較大的鯨類，比較少見激烈的水面行為。花紋海豚有浮窺、尾鰭或胸鰭擊水等常見行為，雖然跳躍動作不若小型海豚活潑與頻繁，但在長期的觀察中，我們發現花紋海豚豐富的行為表現。

雖然偶爾會有單隻或成對花紋海豚的海上觀察紀錄，但花紋海豚傾向於群體生活，群中個體常以25到數百隻存在。根據過去的海上觀察紀錄，花紋海豚常與其他海豚如瓶鼻海豚、瓜頭鯨、弗氏海豚混群，也曾經觀察到花紋海豚與抹香鯨近距離接觸，但在花蓮海域仍以與弗氏海豚共群的機會較高。

主食為魷魚的花紋海豚廣泛分布於全球熱帶與暖溫帶的深水海域，是台灣鄰近海域最常見的鯨類，也是黑潮海洋文教基金會海上觀察記錄中遇見頻率最高的鯨豚。根據近來的研究，花紋海豚也是較不懼怕船隻的鯨類，對這種全世界科學家都了解不深的物種，我們若是由台灣東岸出海，就有機會在數分鐘的航程內便有機會與之相遇。顯然，花紋海豚提供給我們無論是研究或觀賞的良好條件，可說是台灣的海上國寶。

靜則沉寂動若烈焰樣的 花紋海豚

　　花紋海豚是我這輩子遇見過最多次的海豚。我不曾因為遇見頻率高而對他們感到厭膩和冷淡；反而，從海域裡第一次相遇到今天，我對這種海豚的好奇，和我漸漸確認和他們之間緊繫的因緣一致——我喜歡海域裡遇見他們，喜歡他們每次見面都像是約定的默契，總會有一個讓我驚豔的行為在舷邊現露——儘管他們長得並不如何賞心悅目。

　　我常常說花紋海豚是台灣海域裡的國寶——那穩重憨厚的模樣，那似乎總是在想著什麼、思考著什麼的神態，那擺出各種不同陣仗和多種海豚混群謎一樣的行為——我的好奇絕不止於想望多了解他們。每次海上相遇，我的心思與情感都會被拉溶於湛藍的海水裡與他們同游。我喜歡他們厚實的體態。

　　我曾經在水下聽見過他們的聲音，那遙遠深邃帶著淺淺迴響如

浮窺的花紋海豚（黃文蔘 攝影）

花紋海豚（廖鴻基 攝影）

花紋海豚（陳惠芳 攝影）

潛水艇發出的波波聲納，我感覺那是呼喚，是來自海洋最深沉的呼喚。聽見他們的聲音並不容易，海面上的他們總是安靜的、沉穩的。我喜歡他們的滄桑與老邁。

看見過他們狂奔若一顆花白色魚雷射向船舶；看過他們富含威勁的連續跳躍；看過他們幾近不動的漂浮……。我喜歡靜則沉寂動若烈焰樣的生命。

總會有一種動物和我們漸漸單調的生命契合──那勿需言語、勿需耳鬢廝磨終日纏綿 ──花紋海豚，遠遠的、清明的，他們在我的胸臆裡始終晃漾。

（文／廖鴻基）

花紋海豚（黃文蔘 攝影）

花紋海豚（廖鴻基 攝影）

虎鯨 [Killer Whale]

學名：*Orcinus orca*

最大身長：9.5 m　最大體重：9,800 kg

　　虎鯨是海豚科裡體型最大者，可以說他是「最大隻的海豚」。

　　外形上，他有著非常突出的特徵——高大的背鰭、白色的腹面、後方體側的白色塊，以及眼後的大白斑——如此獨特的黑白配色，讓他成為最受大家矚目的鯨豚之一。

　　虎鯨出生時體長約2公尺，雄性個體可長至9.5公尺，雌性個體則鮮少超過7公尺。雌性個體不如雄性壯碩，兩性個體除了在體長上的顯著差異外，在外觀上，雌性個體的鐮刀狀背鰭也與雄性誇張高大的三角背鰭顯著不同。

　　虎鯨明顯是群居的動物，有穩定的社會結構，通常一個群體中包含雄性、雌性與幼獸，群體個體數從數隻到最多30隻。北美海域常見的百隻或更多個體的同時出現，應該都是許多族群的暫時性聚集。

　　依據生活型態的差異，全球的虎鯨被分為兩類——居留者（Resident）與過渡者（Transient）。前者體型較大，往往群中個體數較多，主要以魚類為食，多半在較小的範圍內活動；過渡者的體型較小，通常在大範圍海域迴游，主要以海洋哺乳動物為食。台灣近年觀察到的虎鯨應該都屬於此類過渡者。黑潮海洋文教基金會工作人員曾在1996、1998、2001年分別於花蓮海域觀察到個體數目不一的群體，除此之外，在東北角、台東地區也都偶有發現，顯示這美麗的海獸是不定期造訪台灣海域的客人。

虎鯨改變了我的人生腳步

在流動的生命中，有一些記憶是怎麼也忘不了的，它是一些片段，一些情緒，一些似有似無，模模糊糊的聲音和畫面……。而一個人將來的日子會往哪裡去，有可能就是由這些過往的記憶所牽引著吧！

1996年8月15日就是一個這樣的日子。

老實說，那天剛出海時，心理是有些恐懼，我沒有出海經驗，在不同的介質中行走，晃盪的感覺加上漁船的機油味，實在不好過。全身肌肉緊繃，我的胃開始作怪……。

船走了兩個小時，一樣的海，不變的藍，我實在找不到有任何目標可以轉移口中那股噁心的酸味。我好想回去，回到我熟悉、安全、穩定的陸地上。

航行持續著，我只好躺在船艙裡。

虎鯨（廖鴻基 攝影）

噴氣的虎鯨（廖鴻基 攝影）

一段長時間的沉寂後，我耳裡傳來船長的呼喊聲——「會噴水吶！會噴水吶！」——我爬起來看向船前海面，似乎只是幾個黑點在那兒浮浮沉沉，「是另一種生命嗎？」我懷疑的問自己。

　　慢慢的海上的黑點越來越大，越來越近，船上有人辨識出牠們大聲叫出：「殺人鯨！是殺人鯨！」

　　船上有相機的、有攝影機的人都用顫抖的手努力穩持住在拍攝。我第一次出海。所以並不知道他的罕見跟難得，我只是呆呆的站著，看著他的身影越來越清楚，越來越逼近船隻。

　　這是我第一次看到一種動物毫不猶豫，毫無恐懼，往人類的方向逼進。或許對他們而言在無法想像有多大的大海中，在孤獨的旅程裡，偶爾遇到人類也算是一種慰藉吧。對我而言，在這陌生的海洋國度裡，看到了虎鯨剎那接近船隻，我的心臟突然間緊了一下。

　　這是與另一種生命的近距離相處、近距離對望。「他們在想什麼？他們在看什麼？」我第一次被一種動物毫不客氣的觀察著，這是一種非常奇妙的經驗。在陸地上，在人類的社會中，總以為自己主宰著所有可能發生的事，但是在海上，受到本能的限制，似乎只能等待著這巨大而神秘的動物來發號施令。而他們卻又表現得這麼的優雅和謙遜。

　　接下來的兩個小時裡，我完全忘了暈船，我像是回到了孩童時的情緒，我跟著他們的律動在船上忽左忽右的跑著。他們小心翼翼、溫柔的在船邊、船底來來回回的穿梭。這時，船上的同伴們，有人尖叫、有人大笑、也有人低聲啜泣著……。

　　回到岸上，天色已經昏黃了，船上的無線電早已經把這個好消息傳回，岸上的朋友擺起了酒菜等候著我們。當大家醉的醉，瘋的瘋，酒瓶倒了一地的時候，我坐在水泥堤岸上，對著黑暗深邃的大海，看著我的右手——今天有一刻就差個手掌我就摸到他了

——一個陸地上的旱鴨子差一點摸到海洋中的悠遊者。

　　這一個手掌的距離，在往後的日子裡，一直引誘著我，往海裡探索出去。我始終記得那一天的海風，那一天船舷切響的浪花，那一天躍出海面張翅的飛魚，還有那六隻海洋的使者——殺人鯨——他們一直出現在我的回憶中，久久迴盪不去……。

（文／黃文琴）

噴氣的虎鯨（廖鴻基　攝影）

飛旋海豚 ［Long-snouted Spinner Dolphin］

學名：*Stenella longirostris*

最大身長：2.2 m　最大體重：75 kg

　　細長的嘴喙、黑色的嘴尖、三角形背鰭，生活在熱帶與暖溫帶的飛旋海豚，主要以中水層的小型魚類為食，是台灣地區最常見的海豚之一。體表的顏色分布由背面的暗褐色、側面的灰褐色到腹面的白色或粉紅色，明顯的三層體色。

　　飛旋海豚可形成超過1,000隻的大群體，但一般而言，在花蓮海域觀察到的飛旋海豚仍然以200隻左右的群個體數較為常見。飛旋海豚可長達2.2公尺，重達75公斤，每2至3年產下1隻仔鯨，懷孕期約十個多月。

　　飛旋海豚是極有活力的動物，常可看到他們高高跳躍出水面，而後在空中作轉體的動作，雖然這樣的行為被視為溝通的方式，但也有人認為只是單純的遊戲行為。

　　飛旋海豚時常有船艏乘浪的行為，在過去的觀察中，總發現成群的飛旋海豚迅速靠近船隻，從他們與船隻的互動來看，飛旋海豚應該也是較願意親近人類的種類。

跳躍的飛旋海豚（王緒昂 攝影）

飛旋海豚（王緒昂 攝影）

飛旋海豚（陳惠芳 攝影）

飛旋海豚（黃文蔘 攝影）

飛旋海豚（廖鴻基 攝影）

悄悄躍進我生命裡的 飛旋海豚

　　將近一公里外的海面爆出水花，剎那間，海面上彷彿熱鬧綻放著朵朵白色的鬱金香。我們站在船隻的頂端，向船頭方向遠望過去，看著海與天形成的藍色舞台上，成群的海豚紛紛上場。

　　我生命中的第一種海豚是飛旋海豚。在陽光熾熱的夏初，他們成群躍進我的心海裡。*Stenella longirostris*，飛旋海豚存活在全球學界的科學名稱裡，即使科學家能以拉丁文來精確描述這個生命所具有的長吻特徵，但對於生活在這美麗之島的你我，「尖嘴仔」或是「白肚仔」這樣的稱呼，可能更能拉近我們與這群海洋夥伴的距離。

　　當細長的嘴尖突破水面的剎那，我們的情緒隨之激動，觀看他們出現在船邊的身影是種享受，以超過兩米之體軀卻毋需激烈動作便能迅速游移，繼而奮力躍身空中，在水面上忘我旋轉彷彿想甩開渾身的海水。這時，整船的人都隨著他們的旋身跳躍而情緒亢奮。飛旋海豚總是能跳脫地心引力的掌控，如飛行器般自由騰躍水面，並且如彩色陀螺般的恣意旋轉。

　　背脊深如海水，體側如清晨山中炊煙般灰白，腹面潔淨而又帶著晚霞般的紅潤。看到這一群群體色分層明顯的海中生命，我再也無法壓抑內在的情感，我回憶起第一次在台東富岡和他們會面的場景──飛旋海豚，悄悄地躍進我的生命裡！　（文／王緒昂）

飛旋海豚（黃文鱗 攝影）

偽虎鯨 [False Killer Whale]

學名：*Pseudorca crassidens*

最大身長：6 m 　最大體重：2,200 kg

　　偽虎鯨應是台灣民眾比較熟悉的海豚之一，早年就常從新聞報導中聽說有多起偽虎鯨誤闖入港口的消息。

　　這種大型的海豚幼體不到2公尺，但長成後體長可達6公尺，是台灣海域最常見的黑鯨類動物。全身黝黑、體型狹長、尾幹粗

壯、胸鰭彎曲、背鰭頂端與頭部圓鈍，偽虎鯨這些獨特的外部特徵，不難讓人在海上的觀察中辨認出他們。

　偽虎鯨有著明顯的社群結構，許多地方都與虎鯨類似。他們主要生活在暖溫帶到熱帶的海域，是大洋性的種類，擅長快速的在海中游動，獵捕魷魚與大型魚類。本會海上調查人員就曾多次目睹偽虎鯨捕食鬼頭刀及雨傘旗魚。

　此外，偽虎鯨有可能會獵捕其他小型海豚或是鬚鯨類的仔鯨，但是，在諸多水族館豢養下的偽虎鯨，卻又是溫馴且易於訓練的海獸。

偽虎鯨（黃文琴 攝影）

既優雅又兇殘的偽虎鯨

偽虎鯨是台灣海域最常見的「黑鯨類」，他鮮少有如飛旋海豚或熱帶斑海豚的跳躍動作，他們總是穩重的浮沉於水表層，因而，也是最容易讓夥伴們感受到其優雅氣質的大型海豚。

深色的體表，略為狹長的身形以及圓鈍的背鰭，都是我們進行海上辨識時的判別依據。再加上他們在海上漫遊時無懼於作業船隻的態度，都讓偽虎鯨將其他海豚遠遠擺脫，成為海豚科動物中極為突出的一種。

我們曾在海上看到成群的偽虎鯨在海上競逐鬼頭刀，也曾看到雨傘旗魚被這些「黑武士」嚇得躲在船邊……。他們是強勢的掠食獸，甚至群起攻擊大型鬚鯨。然而，看到他們大方的靠近船邊，我們的確難以從他們和善的面孔上嗅到一絲血腥味。

漆黑的外表，神出鬼沒的行徑，體長近七公尺的偽虎鯨就像潛艦般悄然出現，然後靜靜的隱沒在遠處的海天交界。在這一進一出間，天地間似乎毫無改變，然而，我們已感受到這生命的內斂，並且也在心中為這動物騰出了一個空間。　　（文／王緒昂）

偽虎鯨（廖鴻基 攝影）

偽虎鯨（廖鴻基 攝影）

瓶鼻海豚 [Bottlenose Dolphin]

學名：*Tursiops truncatus*

最大身長：3.9 m　最大體重：650 kg

　　大部份人們對於海豚的印象，幾乎都來自瓶鼻海豚。瓶鼻海豚過去被認定有兩個生態型(Ecotype)，即體型較小的近岸型與體型粗壯的離岸型兩類。這兩類的瓶鼻海豚均可在台灣鄰近海域發現。唯近年的研究顯示，這兩類瓶鼻海豚的差異已達到不同種的階層，故本文皆針對經常出沒於花蓮沿岸的離岸型瓶鼻海豚作討論。

　　身體壯碩的瓶鼻海豚是大眾極為熟悉的動物明星，由於生性慧黠，常為水族館捕捉豢養以供表演之用。這種除了極區以外都可發現的種類，最大體長可達3.9公尺，成體體重甚至可達650公斤。有著略為高大而後彎背鰭的瓶鼻海豚，體色以暗灰色為主，身軀側面亦存在些許淡色帶，腹部則為灰白色。

　　瓶鼻海豚雄性個體略大，而小海豚會在群體中接受母親長達一年以上的照顧，同時也有其他母海豚協助照顧幼體的現象。在本會的觀察紀錄裡，小群体 (1～20隻) 的瓶鼻海豚較難作近距離觀察，也有迴避船隻的現象。而當瓶鼻海豚以上百隻的群體出現時，則有船艏乘浪、魚躍、高跳等豐富的水面行為。

海域裡的暴走族 瓶鼻海豚

　　時常遇見瓶鼻海豚，無論在澎湖、苗栗、桃園的海灘上，或是在過去的漁港拍賣場上，我都能看見那熟悉的身影。過去往往是因為進行擱淺處理的工作，或是撞見被網具誤捕的個體，我得以在台灣各地看到這為世人所矚目的生命。幸運亦或不幸，當全球都為他們在水族館中的演出而瘋狂，他們也成為是眾人眼光焦點下的動物明星，這同時，他們卻犧牲了野生物最可貴的自由。

　　時常遇見他們，卻直到六年前才在海上眼見活生生的瓶鼻海豚。此後的每次遭遇，他們總是與船隻保持適當的距離，無論船長如何謹慎的操控著船隻企圖接近，瓶鼻海豚卻似乎懂得迂迴戰略，他們始終選擇在刺眼的光熾海面浮出，讓我沒能確實看清他的長相。逆著光，我只能捧著相機等待，不知是刻意安排還是巧合，每當我想要順著光拍攝他們時，他們就迂繞到船隻的另一側觀察我。

瓶鼻海豚（黃文琴 攝影）

瓶鼻海豚（黃文蔘 攝影）

但是，瓶鼻海豚的矜持似乎在集結為大群時消失了，他們與船隻的關係也隨之變得親密了些。同時，他們的行為轉而變得狂野。他們一再的快速游近船舷，而後高高躍起，以他們獨特的肢體魅力炫惑著我的心。他們飆船、魚躍，以任何一種你能想見的動作乍現在我們眼前。

即使人們因為瓶鼻海豚在水族館表演場的演出而愛上海豚，卻無法改變他們深具侵略性的事實。根據資料所述，瓶鼻海豚有時會虐殺其他或同種的海豚，相信這絕非海豚迷所能想像的。

是巧合吧！近一年未見瓶鼻海豚，卻在本文完成的當天清晨，於花蓮港外海遭遇數百隻瓶鼻海豚。他們奮力躍起後落海，在海面上濺起大量水花，彷彿他們刻意要在我久違的缺憾中激起無限漣漪。

（文／王緒昂）

瓶鼻海豚（廖鴻基 攝影）

瓶鼻海豚（王緒昂 攝影）

短肢領航鯨 [Short-finned Pilot Whale]

學名：*Globicephala macrorhynchus*

最大身長：6.1 m　最大體重：4,000 kg

在舊台大動物系館一樓走廊的頂上，曾經掛著一具鯨類骨骼標本，壯碩的身材，令人印象深刻。而我終於在2000年的夏天，在無垠的大海中見到這種動物——短肢領航鯨。

雄性領航鯨個體超過6公尺，黑的發亮的身軀、圓頭、大而明顯彎向後方的背鰭等均是其最顯著的形體特徵。雌性個體雖然體型較小，但也可能超過5公尺。他們全身多半為深黑色，但胸前有著淺色錨狀斑塊，背鰭後方也有著灰色斑塊。

短肢領航鯨可能以數隻到數百隻群體出現，也常與其他海豚（特別是瓶鼻海豚）混群出現。與瓶鼻海豚混群時，雄性短肢領航鯨與瓶鼻海豚傾向於停留在群體邊緣。

雖然短肢領航鯨常會出現在近岸海域，但他們出現在南加州，或是日本近岸區域時，恰巧都是魷魚產卵或數量眾多時。魷魚季以外的時節，他們經常是在遠洋出現。短肢領航鯨存活在熱帶到暖溫帶海域，因為熱帶的物種不會受氣候影響，在生殖上，短肢領航鯨全年皆可繁殖。

短肢領航鯨遭殺戮的事件仍然持續性的發生，特別是在非洲西北與西印度地區。小規模的手鏢漁業存在於西印度地區，為了取得油脂與肉，每年捕殺約數百頭。日本與沖繩地區計畫性的捕鯨砲鏢獵，也大約每年捕殺近百隻數量。

巧遇領航鯨

　　雲幕低垂，天色漸暗，頗有山雨欲來的趨勢。出門前雨滴已漸瀝瀝地落在地面上，抬頭仰望著天空，悶熱的下沈氣流，搭配上周遭詭異的天色，佇立在船頭，船隻在雨中緩緩前進，首先發現的族群是我們的老朋友——飛旋海豚。那是一群約莫50隻左右飛旋海豚的小家族，因為這一群生活範圍靠近港區，對船隻特別謹慎，因此與我們的互動並不熱絡，甚至沒有跳躍、旋轉的動作。我們嘗試著與他們接觸了四、五次，始終無法突破他們十公尺的警戒範圍。因此，船長決定調轉船頭，航向南方去尋找另一個族群。

短肢領航鯨（廖鴻基　攝影）

短肢領航鯨（王緒昂 攝影）

短肢領航鯨

船隻航行至鹽寮海域，天色漸漸明亮，雨勢也暫歇了下來。此時，船上的老討海人王伯，頗為困惑的樣子望向東南方，口中還唸唸有詞地說道：「干納是海豬仔？還是漂流木啊？」

我立刻拿起望遠鏡掃視東南方。我看到了海面上浮著一小群黑色的個體。直覺告訴我狀況不對——背鰭不似偽虎鯨的模樣，下潛的時間亦較為悠長——當所有的線索全部指向可能是領航鯨的剎那，我後悔了。這是我第一次遇見領航鯨，而我身邊沒有任何器材足以留下他們的影像。

約莫等待8～10分鐘後，高大寬扁且特殊的背鰭浮現在船前一點鐘的方向，經由望遠鏡的確認，沒錯！那確實是一群短肢領航鯨。照理說遇見他們應該是興奮異常的，但此時悔恨、無奈、沮喪的心情全一股腦地湧上心頭。

他們竟然還主動靠近船頭，還破水而出……。

領航鯨，一種神秘且鮮少出現的鯨種，甚至到現在都還沒有他們動態的影像紀錄。在一個下過雨的午後，他們出現在鹽寮海域，二十隻美麗的生命出現在我的眼前，而我卻只能懊惱的、癡癡地望著他們。

巧遇領航鯨，卻無法將這一刻永恆地記錄下來，我想這是我今年夏天最大的遺憾！ （文／曾永平）

熱帶斑海豚 [Pantropical Spotted Dolphin]

學名：*Stenella attenuata*

大身長：2.5 m　最大體重：120 kg

　　熱帶斑海豚是一種主要分布在熱帶的小型海豚，雄性個體較雌性略大，最大體長可達2.5公尺，重約120公斤。有著明顯白色嘴尖的熱帶斑海豚，其背部為深灰色，眼睛及身體側面淡色，後彎的背鰭狀似鐮刀。背鰭下方的披肩狀斑塊，是海上觀察辨識的重要依據。

　　熱帶斑海豚與花紋海豚類似，體色會隨年齡變化。隨年紀增長，較老的斑海豚的身軀會出現許許多多的黑白斑點，也因此而得名熱帶斑海豚。

　　熱帶斑海豚常會進入捕鮪魚的作業區，因而深受圍網作業影響，至少有數十萬的個體因為闖入作業區而喪生。熱帶斑海豚為群居型動物，常集結為大群活動，有時一群甚至可多達上千隻個體。熱帶斑海豚充滿活力，能快速的在海中游動，也時常有高高跳出水面的行為，是海上觀察活動中極引人注目的海豚。

熱帶斑海豚（廖鴻基 攝影）

熱帶斑海豚，我海洋裡的孩子們

熱帶斑海豚──對我來說原本是一個陌生的名詞──1998年夏天，這個名詞終於與我的生命產生連結。

七月盛夏中旬，船隻2點鐘方向500公尺外發現了一朵一朵的水花，一個一個黑色的身影高高跳起，此起彼落，像是在較勁般的激烈。究竟是誰？之前我沒有看過海豚這般的行為。

對「熱帶斑海豚」有經驗的觀察員分辨出他的特徵後，喊出了他的名字。

這一場相遇是在花蓮七星潭灣內，他們遠遠的距離船隻30公尺左右便集體下潛，不給我們看清楚他的長相，不給我們太多接觸的機會。是害怕？是試探？是防備？還是不信任？

第二天，我們的船隻又來到了七星潭灣，他們再度出現蹤影。這一次，船長很努力的揣摩他們的個性，小心翼翼的深怕太過莽撞而嚇到他們。終於成功了！有幾隻壯碩的前鋒部隊，好奇的來到船頭，東竄西竄，敏捷快速的游舞著，與船隻的互動過程中顯得驚險又巧妙，像是他們在訓練自己的膽量和技術，看誰能靠船隻最近、撐得最久。我坐在船頭，與他們最接近的地方，隨著他們的躍動歡欣的叫喊著、跟著他們的呼吸而呼吸、聽著他們細細的哨音如在對我呢喃說話……，我漸漸感覺到整片海洋似乎只剩下我和他們存在，他們與我分享著共同的喜悅和激動。那一瞬間，語言似乎並不重要。

那年夏天，他們一直待在七星潭灣裡，覓食、休息、玩耍。每當我們的船隻駛近灣邊岬角時，他們迎面衝來，像是歡迎好朋友般的熱情，伴著我們進入灣內。於是，我們一廂情願的說要當他們的媽媽，而他們就成了我們海洋裡的孩子們。

歡樂愉快的日子總是短促，有一天，我們到了灣裡，遠遠看到

　　一艘鏢漁船，鏢台上有人拿著長長的鏢竿，追逐鏢獵這群孩子們，我緊張的心情一直催促著船長，開快點、開快點，心裡深怕來不及，深怕趕到後看到海面上染上孩子們的一灘血泊。

　　愈靠愈近，眼眶已濕，我大喊：「走開！」、「別傷了我的孩子們！」也對著孩子們大喊：「快逃！」、「快離開這裡！」

　　夏天還沒過完，之後，那年暑假再也沒看到他們了。

　　往後的日子，我每年夏天都在海灣裡等待孩子們回來。

　　1999年夏天，等到了一群，和一隻斷了背鰭年老的熱帶斑海豚。

　　2000年夏天，等到了一群對船隻保持高度警戒的熱帶斑海豚。

　　2001年某個夏天的傍晚，我站在七星潭灣的礫石灘上，我的背後是鬱藍的中央山脈，我極目遠眺著暈紅的海面。我決心用時間來等待，等待孩子們鼓著信任的浪花回來。　　　　（文／黃文琴）

熱帶斑海豚（王緒昂 攝影）

飛旋海豚（王緒昂 攝影）

鯨豚的保育

保育

在我們生活的這個星球上，除了空氣過於稀薄的高空以及深入地球核心的部份外，處處都可見到繽紛多樣的生命，這大約在地表上下約一萬公尺的範圍，被科學家稱做生物圈。

生態系是生物圈中可自我維持、獨立運作的功能單位。因為生態系中除了無機環境外，尚有生產者、消費者、分解者三類群的眾多有機生命體。每種生命都在其所存在的環境裡扮演特定的功能，因而，與生態系中其他物種巧妙的互動，藉由掠食與被捕食的關係所形成的食物鏈與食物網，而得以將自然環境中的物質與能量順暢的循環或流轉，產生一個巧妙的動態平衡。

因此，生態系中各物種所形成的族群，就必須要能維持在一個適當量，才能使生態系正常的運作，並使生態系處於較為穩定的狀態。當特定生態系中的物種越豐富，此生態系的能量與物質傳遞也就越流暢，同時，在面對重大環境改變時，其所受到的影響也就越小，此一系統即處於穩定度較高的狀態。而物種數較少的生態系，則相對的較脆弱，容易因環境驟變而影響。所以，維護生態系中各生物族群的存在就有其必要性。這樣的維護行動，就被稱作「保育」。

即使一般民眾都熟悉保育這個名詞，但觀念上卻仍然有著極大的誤差。保育並不是繁殖特定的物種，目的也並非豢養該物種到預期的數量，而是企圖透過棲地維護、族群數量回復的相關工作，讓某些物種的野外數量恢復，能夠維持生態系中的正常運作。

在不斷的累積相關資料後，我們對生態系的認識與了解也隨之增加。在熟悉生態系中物質循環與能量流動後，我們也開始注意

維持生態系的功能健全與穩定。再加上過去對於生態系中非生物性與生物性資源的過度利用，在在使我們注意到許多陸域生態系正面臨危機。因而，許多的學者開始強調Wise Use（永續利用）的重要，也讓更多的保育生物學家投入野生動物的保育工作上。

保育工作是耗費精神的工作，必須藉由長時期的生物族群監測與不斷修正保育措施來達成目標。在工作上，保育生物學家除了必須要確保棲地的完整、各種生物的族群穩定存活外，還要維持族群內部生物遺傳物質的歧異度。總而言之，保育是在維持棲地、物種以及族群遺傳的多樣性。

野生物保育究竟對我們有什麼好處呢？在學理上，野生物保育可讓我們周遭的不同生態系（海洋、沼澤、草原、森林生態系等等）順暢的運作，使生物圈內的水文、碳、氮循環得以完整，讓地球能夠維持在適宜生存的狀況。舉例來說，像森林生態系若受到傷害，就可能導致二氧化碳的增加，使得全球溫度上升，加速極區冰山的溶解，就會造成全球性的災害。

在產業上來說，包含野生物的所有物資都是可為人所運用的資源。像是中國人廣泛運用的藥材，或是烹飪時運用的許多香料，大都來自野生物。雖然我們並不鼓勵大家食用野生動物，但是當某些動物族群量過大時，也並不能排斥產業界運用野生動物製作皮革或其他產製品。

再者，伴隨著生態旅遊的發展，過去的人們在休閒旅遊時純粹的風景觀賞行程，已逐漸轉為知性的自然觀察旅行。像近二十年來賞鳥、賞蝶、賞鯨到賞蛙等等，人們可因為保育工作的推展而在戶外旅行中欣賞到各類美麗的生命。

保育工作將不再被視為是少數研究人員不切實際的動物保護行為，而是可以讓一般大眾確實可分享到工作成果的實際行動。

（文／王緒昂）

海洋污染

　　如同在陸域生態系一般，海洋生態系並不因爲範圍遼闊而能逃離污染物的侵害，反而因爲遠離我們的視界及生活範圍，更讓人無法感受到問題的嚴重性。

　　海洋的污染源大多直接或間接來自陸地，包含固體廢棄物（陸域垃圾、廢棄漁具）、耗氧性污染物（家庭污水）、重金屬（工廠、廢金屬處理之廢水）、毒性有機化合物（錫、農藥、殺蟲劑、多氯聯苯）、油污（作業船隻排放之機油、油輪外漏原油），此外，尚有如發電廠熱污染之其他污染源。

　　這些海洋污染的影響，從造成海洋生態系動物相的改變，到海洋生物的直接死亡，對海洋生態系有著不同程度的傷害。

　　過去這些年來，從底片盒到巨木，我們曾在海上觀察到大大小小的各類固體廢棄物隨著洋流漂浮。這些漂流的垃圾可能逐漸沈入海底而堆積在珊瑚礁上，因而隔絕了共生藻所需的光線，而導致珊瑚死亡。而若是固體廢棄物被浪回推上岸，除了形成人們親近海洋的阻礙，也可能因爲線圈或其他廢棄物的纏繞而導致海鳥、海龜或其他海洋生物的死亡。

　　漁業廢棄物也是影響海洋健康的重要因素，失去控制的網具長期隨著潮水在海上漂流，可能不斷的捕獲魚類，也會造成大量海龜、海豹或鯨類死亡，終將導致海洋生命力的枯竭。

　　許多人感覺海洋是陸地外的獨立空間，因而忽略了海洋污染對於陸域的影響。事實上，透過食物鍊的傳遞，重金屬或脂溶性毒物不斷的由生產者或低階消費者開始，逐漸累積在高階消費者的體內。這種被稱爲生物放大作用(biological maganification)的效應，可能會經由毒害海洋生物，再藉著漁業與市場的交易把

海灘上的廢棄漁具（戴惠莉 攝影）

奇萊鼻的垃圾場（戴惠莉 攝影）

影響的範圍回推到毒物產生的源頭，就是在陸地上生產污染物的我們。

對於海洋污染的問題，我們不能再抱持著鴕鳥心態，像過去我們的所作所為——我們時常將污染物拋棄到遙遠的海域，或是人跡罕至的偏遠地區。

以海洋的污染現況來說，我們在海上經常看到各式各樣的污染物在海中漂流；我們也曾經觀察到花紋海豚的背鰭、胸鰭及尾鰭鉤住塑膠袋；也看過瓶鼻海豚在海上漂浮的大片油汙中浮沈……，這樣的觀察記錄並不是件有趣的事情，我們真實目睹了生活在陸地上的我們對海洋造成的傷害。

無論是具有毒性的污染物，或是並不直接毒害生物的固體污染物，都逐漸的重傷了海洋生態系。所以，如何徹底改變我們污染物的處理流程，如何減少污染物的產生，這是我們這一代人該省思、檢討及擔負的責任。

（文／王緒昂）

奇萊鼻海岸的漂流垃圾（戴惠莉 攝影）

鯨豚大事記

台灣商業捕鯨史

捕鯨是人類早期的漁獵活動，有其久遠的歷史源由。台灣的捕鯨活動，於1913年（民國2年）開始，終止於1981年（民國70年），大致上可區分爲三個時期：

光復前日據時期（1913年～1943年）

1913年由「台灣海陸產業株式會社」經營，基地設於大阪垺（墾丁南灣），捕鯨法採小艇式標槍追捕捕鯨法。由於基地無處理工廠，捕獲鯨隻處理困難，成績不佳，不到兩年即中斷。

而後在1920年間，台灣總督府委託「東洋捕鯨株式會社」進行捕鯨試驗。因採挪威式近海捕鯨法，使用捕鯨砲獵捕，成績良好。捕鯨事業在南台灣海域的漁場得到穩定的經營成果，同時在大阪垺興建工廠及簡易碼頭，有利於鯨隻的加工處理。此時所捕獲的鯨類以大翅鯨爲主，捕獲量雖豐富，但經營主體數度變更，最後於1934年全部合併於「日本捕鯨株式會社」。經營至1943年因受太平洋戰爭影響而結束。

台灣光復後初期（1957年～1967年）

1957年台灣「祥德漁業公司」與日本「極洋捕鯨株式會社」合作，使用285噸「第一京久」捕鯨船捕鯨。此計畫獲得漁業部增產委員會及台灣水產試驗所支持，捕鯨基地由大阪垺移至香蕉灣，恢復了台灣的捕鯨產業。直到1960年因捕鯨成績不理想而曾經一度結束了捕鯨事業。

1961年祥德漁業公司與「台灣漁業管理處」合作，利用漁管處指派50噸「護漁一號」參與捕鯨，船員於日本聘僱，也同樣因成績不好於三年後結束。

1964年祥德漁業公司再向日本購買50噸級捕鯨船「祥德一號」，僱請日本砲手自行捕鯨，終因成績不佳而於1967年宣告結束，也終於結束了台灣第二階段的捕經歷史。

台灣工船捕鯨時期（1975年～1981年）

1975年間，我國銘泰水產公司從日本引進600噸日式大型拖網漁船「海雁號」，再次展開捕鯨事業。此種捕鯨船是單船作業，鯨的解剖到加工處理都在船上進行，鯨肉利用超低溫冷藏，輸出外銷。船隻機動性高，加上作業漁場不受限制，漁獲成績非常好。許多漁業公司紛紛提出申請購買工船出海捕鯨。

但是1975年～1981年，正是全世界捕鯨國家爭霸掠奪漁場最激烈的時期，我國新興工船捕鯨成績良好，當然引起各國注意。1978年～1980年，國際綠色和平組織來台調查工船捕鯨，此份報告後來成為美國政府向我國施壓要求停止捕鯨的重要依據。之後，我國設法參加國際捕鯨組織的努力受阻，來自美國及多方的壓力下，終於在1981年7月16日，由政府宣佈禁止我國從事任何捕鯨漁業，結束了台灣三個時期近70年的捕鯨史。

沙港事件

1990年以前，澎湖有個這樣的傳統——

每年農曆年前後，海豚會乘著海潮，追逐著小管等生物，在澎湖與嘉義、雲林、台南間的澎湖水道洄游。他們可能游向屈爪嶼以南，沿著當地人俗稱的「竹篙港」的天然水道，經過員貝嶼前進。這條港路外深內淺，而位於此一路線的終點，就是澎湖水道著名的沙港。

幾十年來，澎湖漁家總是在海豚洄游靠近澎湖時出海圍捕，沙港的老人家說，海豚是「海龍王賭輸的」——意思是給澎湖人加菜的。當員貝嶼漁民遠遠的看到海豚，就通知沙港的居民，大家

齊力把漁網連接起來，用竹篙敲打船的邊舷，以此驅趕捕捉。因為海豚「沒膽」，受到驚嚇便會往中間集中，於是，就在漁船的包圍下，慢慢被驅趕游向沙港所在的淺灘，而後被圈養在港內。

　　早期海豚們會全部被殺死，參與捕捉的居民會接踵而來的分食海豚肉。在以前台灣人民普遍經濟狀況不佳、漁村居民蛋白質缺少的年代，分食海豚肉成為漁村人們極重要的食物來源，這是可以理解的現實環境狀況。不過，在經濟情形獲得改善之後，特別是漁民使用的漁具急劇進步，能力上我們已經能夠捕獲更多的高經濟價值漁獲後，每年的圍捕便成了一項休閒活動，一種慶典式的遊戲活動。

　　一位當時的媒體記者就有這樣的一段記載———一隻最大的海豚，擱淺在海灘上，喘息著。有人陸續爬到海豚的身上，做騎馬的姿勢，故意引岸上的人注意，笑鬧聲鼓舞著戲弄海豚的人，他們也許覺得需要有更進一步的表演，於是在附近垃圾裡撿了一個啤酒罐，到插在海豚的氣孔，不能呼吸的海豚痛苦的扭曲了身體，竭力將瓶子噴掉，引來一陣笑鬧。戲弄者興奮了起來，又拿起了一段鋼筋，不斷去刺海豚的氣孔，海豚的掙扎，引來更多的笑聲。附近村落許多小孩子也到港口來看熱鬧，隨著大人起鬨喊叫……。

　　面對另一個無助的生命受到殘忍的對待，我們的孩子的反應居然是興奮歡笑，看到這樣的敘述，我心中湧上一陣恐懼。

　　1990年民間保育團體「信任地球」（Earth Trust）拍攝了一段沙港人「殺」海豚的紀錄片，透過夏威夷總部在美國電視網播出。這段記錄片引起國際間的注意，轉而對台灣施壓，這個事件促使農委會提早將海豚列入野生動物保育法的保護對象。但紛爭仍未平息，漁業與鯨豚保育的衝突並未從此消弭。

走出歷史，迎向未來

在沙港事件之後的10年，零星的海豚殺戮行為仍在台灣各地持續存在，但台灣民眾漸漸開始關懷這些環繞在我們身邊的海洋朋友，也認真的思索彼此的相處之道。這其中包括了學術單位的積極投入，也包含了無數民間力量的默默付出——1996年鯨豚擱淺處理網成立；台灣尋鯨小組也在花蓮海域進行鯨豚族群的普查工作。及至1997年，首艘賞鯨船開航至今，每年超過10萬人次的旅客可以踏出陸地的藩籬，享受海豚的熱情款待；1998年「黑潮海洋文教基金會」及「中華鯨豚協會」相繼成立，加入關心海洋的行列；2000年春天，與台灣久違的大翅鯨再度出現在蘭嶼外海，同年海洋使者「阿通伯」事件等，都為台灣與海洋的關係寫下一頁頁新的歷程。

走進21世紀的我們，將要與這結交了十年的海洋朋友寫下什麼樣的故事呢？我們要以何種的思維來面對大海呢？

且讓我們一起來努力播下種子，並且親身體驗這豐美的果實吧！

（黃文琴整理）

參考資料

余澄埼，1999，《恆春鎮志》卷四經濟志第三篇漁業篇。

蔡昌憲、蔣家語，《各自唱著各自的悲歌》，第八屆鯨類生態與研討會議程及摘要。

王文娟，《海豚的生與死》，光華雜誌85年3月號。

水璉鼻（廖鴻基　攝影）

花蓮海岸地圖

漁業花蓮 《花蓮的漁業與漁民》

　　鯨豚是海洋生態中的高階消費者，他們的食物為海洋裡的各種魚類。由於人類漁業行為的快速拓展與漁事技術的精進，形成人類與鯨豚競爭有限魚類資源的衝突與矛盾。

　　我們是一個海產消費量極高的國家之一，儘管我們消費量高，但過去我們對於漁業的認知卻是停留在一知半解的情況，這是極不合理的現象。藉由賞鯨活動，

　　我們有必要透過對漁撈文化的了解，進一步來省思我們對海洋的責任。

花蓮漁業環境

　　台灣東部海域海床深邃，深度200公尺以內之大陸棚窄隘狹短，淺海底棲魚類資源並不豐富。然而也因為沿岸海床深邃，黑

鬼頭刀（黃文蔘 攝影）

潮（太平洋北赤道暖流）得以靠岸，黑潮為花蓮海域帶來了許多大洋性的洄游性魚類；另外，隨著漁船漁撈設備之精進，深海底棲漁撈技術漸漸開發，過去難得一見的深海魚類逐漸被沿海作業漁船打撈上岸。

大洋性洄游性魚類及深海底棲魚類為花蓮之漁獲特色。

花蓮海岸線平直，缺少天然灣澳足以形成良好之漁港，因此，花蓮的漁港不多，漁業並不發達。花蓮海岸線長達124公里，但只有花蓮港及石梯港一北一南兩個漁港，這兩個漁港規模都不大，只容納沿海作業漁船停泊。

主要漁種及漁季

大洋性的洄游性魚類包括各種硬尾魚、鯖魚、鰹魚、白帶魚、鬼頭刀、鰺魚、鰆魚、鮪魚、旗魚、蝠魟及翻車魚等。

深海底棲魚類包括各種深海鯛魚、深海石斑、深海底棲鯊魚等。

春天	夏暑	秋涼	寒冬
紅目鰱	紅鰲		紅目鰱
白帶魚	雨傘旗魚	白帶魚	白帶魚
深海底棲鯊魚	深海底棲鯊魚		
鬼頭刀	鬼頭刀	鬼頭刀	鬼頭刀
齒鰹	鰹魚	鰹魚	鰹魚
鯖魚	鯖魚	鯖魚	鯖魚
硬尾魚	硬尾魚	硬尾魚	硬尾魚
翻車魚	翻車魚	翻車魚	翻車魚
鰆魚	深海鯛魚		白肉旗魚

鬼頭刀（黃文蟄 攝影）

花蓮主要漁撈方法

延繩釣

將若干門漁鉤以一條母繩連接，漁鉤掛上漁餌，延線撒在海域裡，等待魚隻吃餌上鉤，收拉母繩就能收穫的漁法。

延繩釣俗稱「放棍」，爲台灣沿海漁船最普遍使用的一種漁法。

延繩釣以置放海域深淺，可分爲水表作業的「浮棍」；沉入海床底作業的「埋棍」。也有以捕抓魚體大小區分爲「粗棍」及「細棍仔」。

紅目鰱、鯖魚、硬尾魚、白帶魚、鬼頭刀、紅鰲、深海石斑、深海鯛魚、深海底棲鯊魚等都可用延繩釣漁法捕抓。

延繩釣雖然爲一種高效率的漁法，但相較於其它先進的網具作業，延繩釣算是一種比較健康的捕魚方法。然而，因爲有少數種類的鯨豚(僞虎鯨、瓶鼻海豚？)會在延繩釣漁鉤中偷取魚獲，造成延繩釣漁民仇視鯨豚。

流刺網

流刺網俗稱「掃圍」，將綿延數公里長的刺網懸浮水表，網具隨波逐流張揚漂蕩，讓過往的洄游性魚隻或其他海洋生物刺纏在網目上的一種網具作業。

台灣東部海域的流刺網種類有：鯊魚流刺網、旗魚流刺網、鯖魚流刺網、鰹魚流刺網及飛魚流刺網等。

流刺網是一種高效率的漁法，有過漁及混獲等生態問題。台灣東部海域常有海豚誤觸流刺網而死在漁網上的情形。

【混獲】：非目標性生物因某種漁法而受害稱為混獲。流刺網的混獲比例為1：3，也就是說，使用流刺網捕到一個單位的目標魚獲，將有其他三個單位的非目標生物跟著上網被捕。

竹筏（戴惠莉 攝影）

閒聊的漁民（戴惠莉 攝影）

魚鏢（戴惠莉 攝影）

站在鏢頭前端的鏢手（戴惠莉 攝影）

嶄新的魚網（戴惠莉 攝影）

【過漁】：高效率的漁法──作業時間短，漁獲量大──造成
漁獲量大過該種魚之繁殖量。

底刺網

底刺網又稱「搭底园」，將綿長的刺網沉底張揚，讓過往的底
棲魚隻或其他生物刺纏在網目上的漁法。

台灣東部海域有：珊瑚礁底刺網及深海底刺網兩種。

底刺網作業，漁網經常會被海底礁岩勾掛、扯斷，這些掛在岩
礁上的廢棄漁網，仍然有效的執行其抓魚的功能，造成魚類資源
的浪費。

珊瑚礁魚類、紅鰵、深海石斑、深海鯛魚等為底刺網之主要目
標漁獲。

定置漁網

定置漁網俗稱「煙仔鱛」，將一大座包括三座網袋及一道攔魚
手臂狀圍網構成的海上陷阱，長時固定在沿岸海域，攔截隨著潮

花蓮漁港（戴惠莉　攝影）

流而來的魚群游入網袋陷阱，以逸待勞就能收獲的一種高效率沿
岸漁撈作業。

　　這種技術密集及資本密集的定置漁網，爲台灣東部海域特有的
漁法。

　　小至鯖魚，大至鯨鯊各種洄游性魚類均爲定置漁網之大宗漁
獲，當然，定置漁網有過漁及囊括該海域大部份魚類資源的問
題。

鏢刺漁業

　　黑潮靠岸，爲台灣東部沿海帶來了體型較大的各種洄游性魚
類，如翻車魚、旗魚等，東部沿海漁船於船艏加掛一截鏢魚檯
（俗稱鏢頭），鏢手站立鏢頭前端，持漁鏢鏢獵魚隻的一種傳統漁
法。

　　台灣東部沿海尤其著名的是，每年中秋過後，高經濟價值的白
肉旗魚（俗稱丁挽）靠岸，鏢魚船冒著東北季風大浪出海鏢獵丁

剛上岸的漁民（戴惠莉 攝影）

花蓮漁港（戴惠莉 攝影）

修整船艙（戴惠莉 攝影）

挽。

鏢刺作業也許看起來血腥殘忍，但這是一種不仰賴科技儀器的傳統漁法，漁民靠的是眼力及船上站得更穩、鏢得更準等傳承經驗。鏢丁挽作業刺激、驚險，這期間有許多禁忌在各鏢魚船間流傳，大有獵人與獵物相約海上決鬥的況味，可說是台灣東岸最具特色、也堪稱是台灣最具傳統漁業文化之漁法之一。

主要作業漁船

台灣東部沿海的作業漁船，大多為隨漁季變化而改變作業設備的混合式漁船，譬如春天抓延繩釣，夏天改抓流刺網，冬天鏢旗魚等等。少數專業漁船為，深海底刺網作業船筏、勿仔魚雙拖網漁船及撈鰻苗「長篙仔」膠筏等。

小型沿海漁船

小型沿海漁船多為老舊木殼船。木殼船在台灣已經停建，新造漁船多為玻璃纖維材質建造。

機動膠筏

機動膠筏俗稱「排仔」，老一代的漁民以粗竹竿併排綁造而成，現在多以塑膠管替代並加上舷外機或柴油引擎。機動膠筏隨漁事功能而建造，可大可小，譬如以捕撈鰻苗為主的「長篙仔」膠筏，筏身長度、引擎馬力及造價都不輸給一般漁船。機動膠筏為台灣漁民所獨創，是台灣的漁業文化特色之一。

花蓮漁民

花蓮漁港少，漁業不發達，如今仍然從事漁撈之漁民大抵年紀偏高，他們從小下海捕魚至今，幾乎大半輩子在海上討生活。沿海環境生態的破壞，加上沿海魚類資源日愈枯竭，這些老討海人的下一代已大多不再下海從事漁撈。

豐收的漁民（戴惠莉 攝影）

延繩釣魚船（戴惠莉 攝影）

大半輩子海上生活，這些老討海人他們經歷了從原始的漁撈到漁撈設備精進的過程，他們也親眼見證了台灣沿海資源從繁榮到枯竭的劇變。可以預見的，他們海上生活、海上漁撈長年來所累積的經驗及文化，將在他們這一代終結。

漁市拍賣會（戴惠莉 攝影）

漁業與鯨豚的衝突

漁民與鯨豚間的衝突，大致上來自於魚類資源競爭的心態及誤解。

一、漁民朋友認為，鯨豚吃掉了太多的魚類，而鯨豚又是保育動物，這會讓鯨豚越來越多，而漁民的漁獲量就會越來越少。

這純然是誤解！一定量的魚類資源才能供養一定量的鯨豚存在，當魚類資源日愈枯竭萎縮，鯨豚因為吃不飽他們的量只會跟著減少。

二、漁民朋友責怪鯨豚糟蹋他們的漁具及魚獲。

事實上只有少數種鯨豚證實會在延繩釣漁鉤中偷吃魚獲，責怪所有的鯨豚並不公平。

鯨豚的出沒被認為是該海域海洋生態健康與否的指標，鯨豚的存在事實上與漁民朋友的收穫並無直接關係。如何化解漁民朋友與鯨豚間的誤解與衝突，如何讓漁民朋友認知與鯨豚同享共榮的重要，這理想可能得長期努力才有可能達成。　　（文／廖鴻基）

漁獲秤重（戴惠莉 攝影）

人文花蓮 《花蓮的多元族群文化》

後山新天地

花蓮古稱奇萊，爲「撒其拉雅」的諧音，同時也是世居花東縱谷北端的阿美族支系之名稱。事實上在漢人屯墾花蓮之前，這裡早已是阿美、泰雅與布農等族的固有生活範圍。

但是這塊豐美的土地，雖然地處偏遠、交通不便，卻終究還是吸引著西邊的人們前來耕種。在閩、客族群及外省族群的漸次遷入後，便造成了今日花蓮地區族群多元、文化多樣的特質。

花蓮地區的主要族群

原住族群

◎阿美族

提到阿美族，便讓人就聯想到豐年祭。阿美族是台灣原住民中人口最多的族群，但在不同區域，在習慣與語言上均有些許差異存在。傳統阿美族的社會是母系社會，阿美族的男子入贅於女方，然而在受到漢人影響後，今日阿美族的社會也比較少見入贅婚，因而母系社會地位特質已逐漸消失。

阿美族的另一個特徵是嚴密的年齡階級組織。男子在一定的年齡之下，以須進入聚會所接受成爲男人的訓練，以三到五歲爲一個階級，同一階級的男孩在一起學習生活，並住宿於聚會所。由於社會的變遷，縱然會所制度已消失，但每年豐年祭的活動，依然遵守傳統年齡階級的規範在運作，使傳統的生活，歌舞訓練得以延續。豐年祭是阿美族的過年，原意爲感謝神靈的宗教活動。早期的祭歌是不准在平時吟唱的，目前已無此規範。嚴格來說，豐年祭是以男子爲主的活動，包含了對年輕男子生活禮儀，歌

阿美族（王緒昂 攝影）

謠，舞蹈的訓練，而非純粹娛樂性的歌舞。它融合政治經濟，教育文化，倫理傳承，體育競技於其中，因此，豐年祭可說是阿美族文化的縮影。

　　阿美族的部落多半分佈於花東縱谷和海岸平原，因此捕魚便成為阿美族人日常生活的重要課題。捕魚在阿美族，不僅得以餬口或是提供蛋白質的來源，更有文化上深層的意義；在阿美族社會裡，凡是一個活動或喪葬儀式的結束，都以捕魚或吃魚的行為作一個活動的結尾。

◎泰雅族（太魯閣族）

　　太魯閣族是台灣分佈最廣的泰雅族的一支，分布於秀林、萬榮、卓溪。傳統上男性尚武善戰、精於打獵，女性擅長於紡織，其服飾上以紅白兩色為主要色彩。大致以農耕、狩獵、捕魚、採集的太魯閣族，以麻紡織之技藝的好壞作為評定婦女社會地位的主要標準之一。

布農族（王緒昂 攝影）

黥面是勇猛與高貴賢慧的圖騰，是流傳已久的生活習慣，也是最具特色的族群表徵。黥面對於男子而言，也是成年的標誌或勇猛的象徵，對於女子，則是善織布的標誌。傳統歌謠及樂器「口簧琴」、「木琴」更是該族的特色。

◎布農族

以「八部合音」聞名於世的布農族，是台灣原住民中，最先被國際人士知道的。布農人舉行小米播種祭，為了祈求小米能夠豐收，因此社裡男子圍成一圈，一起合唱「祈禱小米豐收歌」。布農族的樂器演奏，是原住民當中保存最完善的一族。

布農族的傳統祭儀最多，同時源於對於小米收穫的重視，因而發展出一系列繁複而長時間的祭祀儀式。在除草祭儀結束後，布農人打陀螺，祈望小米像陀螺快速旋轉（快速成長）；並在空地上架起鞦韆，希望小米像鞦韆盪的一樣高。從這裡我們可以發現布農人是個具有豐富想像力、生活態度充滿象徵意味的民族。

布農族也是一個典型的高山原住民族，過去他們的生活舞台，是以玉山山脈為主軸，同時會隨著野獸的足跡不斷的遷徙到尋得

適合的耕地或是最佳的獵場時，才會築屋而居。因此，布農人可稱得上是人口移動幅度及活動力最強的族群。

布農族是以男性為主的社會體系，施行大家庭制度。所以，布農家屋都比其他的族群大的多，目前在花蓮的分佈主要以萬榮鄉馬遠村及卓溪鄉立山村之外的各村莊部落。

平埔族群

◎噶瑪蘭族

噶瑪蘭是台灣的平埔族支系中漢化最晚的一族。他們世居在台灣東北平原，自稱噶瑪蘭，意思是「平原人」，以此表示與居住在鄰近山區的泰雅族有所區別。目前噶瑪蘭族僅在花蓮豐濱鄉的立德、新社還保有部份祖先的生活、語言習慣。祖先是噶瑪蘭人最重要的信仰，所有祭祀也都和祖先有密切關聯。不過因為漢化已深，現在能流傳下來的不多，花蓮新社噶瑪蘭人尚保留一種叫「巴加姆」的儀式，應是目前最流傳統的祭典。

「巴加姆」除了是新年時祭儀式之一，也會用於孩童生病時。原來噶瑪蘭人認為保佑後人和帶來惡運的都是祖先的靈魂。當孩子生病，先由祭司尋找出是哪一種祖先作祟，而祖先的用意，是在向後人要求祭品供祀。另外還有豐年祭，通常前三天只能吃素，第四天後才能吃肉，而吃新米也有儀式，還有新年的「巴律令」，避邪的「基撒亦日」，招魂的「巴托赫幹」，祭祖的「巴該哈比」等都是傳統儀式。

漢人族群

漢人族群有閩南人、客家人及外省人。各族分別於大約400年間，不同年代遷徙自中國大陸。

花蓮族群結構相當平均，原住民、閩南人、客家人及外省人各佔約四分之一。所以有人說，花蓮應該會是個適合談族群融合的縣市。

（王緒昂／整理）

花蓮地景 《花蓮山海之旅》

　　賞鯨生態旅遊雖然是以海上鯨豚爲主要目標，但是別忘了，當您因爲賞鯨而來到被稱爲「台灣最後一塊淨土」的花蓮時，無論船隻沿岸航行時，或當您上岸後，別忽略了花蓮的好山好水。

　　花蓮縣北段有太魯閣國家公園、南段有玉山國家公園、海岸山脈西側爲花東縱谷風景特定區、海岸山脈東側爲東海岸風景特定區，皆是國家級風景區，另外，七星潭、崇德沿岸風景區等爲縣級風景區。幾乎可以這麼說，花蓮到處都是著名的風景區。

　　以下由北而南，分別介紹花蓮的各個景點。

水璉鼻（廖鴻基 攝影）

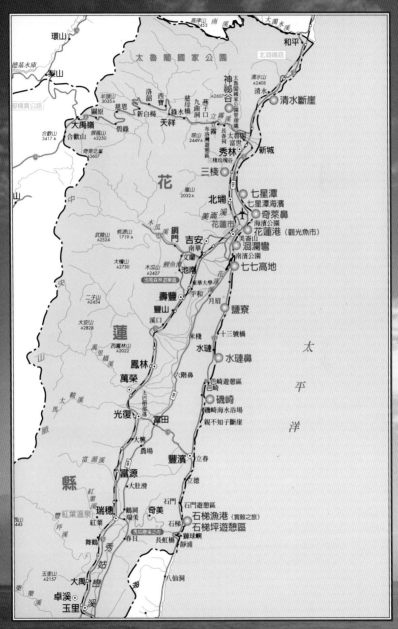

〔花蓮海岸導覽圖〕

清水斷崖

　　台灣四面環海、高山嶺立，堪稱為「大山大海」。清水山標高約2,400公尺，和台灣山脈主脊超過 3,000公尺以上的高山相比的話也許不算什麼，但是，清水山特別值得一提，因為她的嶺頂距離海岸線的水平距離不過2,300公尺左右，也就是說，她從海岸線以1：1的爬昇率向上挺伸，於是，在清水山面海的這一側形成1,200公尺及800公尺兩片形似刀削的三角椎大斷崖地形。

　　清水斷崖，危岩聳立，山壁峻峭陡拔，氣勢桀傲猙獰，被稱為台灣八大天然奇景之一。

　　從蘇花公路上看清水斷崖，只能看到局部的高度和驚悚；海上看清水斷崖，我們看到的是斷崖全景——那三角椎峭壁，那壯闊如守護神守護著最後一塊淨土的山嶺氣勢；那天涯海角孤絕挺立的英姿及山海恆久默默對看的柔情……。

交通資訊：
　　位置：秀林鄉和仁、崇德之間。
　　搭車：搭北迴鐵路於和仁下車可至斷崖北端，於崇德下車可到斷崖南端；由花蓮火車站前搭往崇德的花蓮客運，於崇德站下車可達。
　　開車：從花蓮市北上皆沿9號省道（蘇花公路）可抵斷崖北端和仁、南端崇德。

清水斷崖（何承璋 攝影）

清水大山（廖鴻基 攝影）

立霧溪（太魯閣峽谷）

　　花蓮山脈高聳，石灰岩山脈岩質佔了主要比例，石灰岩的成份碳酸鈣易溶於水，山高水急，溪水終日奔騰切割，加上地質板塊的擠壓，山脈隆昇而起，造就了花蓮山區多峽谷地形。其中最富盛名的便是太魯閣峽谷。

　　太魯閣峽谷為世界級的峽谷景觀，設有國家公園遊客中心在峽谷口，提供了詳盡的峽谷遊憩資訊。

　　千仞峭壁下，立霧溪周折蜿蜒，無數的驚豔和驚嘆在峽谷裡徘徊不去……。峽谷的美、峽谷的秀麗與靈氣，幾近無法以文字來形容，得親臨現場才有機會貼切感受。

　　蟬聲、水聲交響著少女樣的清明和清新，當陽光短促的漏進峽谷裡，一片蝴蝶樣的落葉陽光裡靜靜盤舞。

　　別急著走，讓自己在峽谷裡安靜下來，你將感受到一襲清明的風、一襲新鮮的不能再新鮮的氣味在峽谷裡默默盤桓。

交通資訊：

◇立霧溪

位置： 中橫公路天祥、太魯閣之間。

搭車： 由花蓮火車站前搭往天祥、洛韶、台中的花蓮、豐原客運，於天祥、太魯閣之間各站下車，步行觀賞峽谷風光。

開車： 由花蓮市沿9號省道北上經新城至太魯閣，進入中橫公路，至天祥間沿線可觀賞峽谷風光。

◇神秘谷

位置： 太魯閣國家公園管理處至長春祠之間。

搭車： 由花蓮火車站前搭往天祥、洛韶、台中的花蓮、豐原客運，於長春祠下車，回走至長春隧道內岔路，直行至神秘谷大橋可抵步道路口。

開車： 由花蓮市沿9號省道北上經新城至太魯閣，進入中橫公路，至長春隧道內右轉到神秘谷大橋即為步道入口。

神秘谷

神秘谷位在立霧溪支流的砂卡礑溪,現今可經由太魯閣國家公園管理處旁的隧道通達,是太魯閣國家公園的重要景點之一。涉水過溪後,登上緣山壁修築的小徑,走入這奇幻的世界裡。步道對岸的大理岩層

神秘谷三間屋(金磊 攝影)

上盡是美麗的花紋,如同名家畫布上的創作;而砂卡礑溪中深淺不一的水潭,讓這條溪宛若穿過山谷的一條翡翠項鍊。

沿途不時穿過由山壁滑落水滴所形成的水簾,冰涼的水珠沾在身上,讓人有通體清涼的暢快感覺,而步道兩旁生意盎然的植物,讓人滿眼盡是綠意。飛舞的彩蝶、蟲鳥的鳴唱,更讓這條步道充滿了色彩與樂音,使這趟旅行成為充滿驚奇的感官之旅。

翠綠的潭水中有我許許多多的回憶,盛夏裡許多日子的中午,我常與好友相約溪畔一遊。聆聽著迴盪溪谷中的天籟,觀看著富於色彩變化的溪水,只要靜靜坐在水邊短暫的數分鐘,都會教人暑氣消散。我也曾戴著面鏡在水中浮沈,快樂的於水中追逐著魚群,享受成為水族的愉悅。太魯閣族的孩子們,經常攀爬上大理石壁,到最高點後凌空一躍,展現絕佳的跳水技巧,在這樣的山谷中,我強烈的感受到生命與自然間的和諧。

即使這些年來,我在山林野地間行走,見識過無數的美麗景致。神秘谷,她獨特的溪谷景觀與豐富的生物相,仍然深深的吸引著我。

(文/王緒昂)

立霧溪出海口（何承璋 攝影）

三棧溪

三棧溪溪谷也被稱作「小太魯閣」，出谷的溪水帶來深山乾淨的冰晶體液，一潭潭、一窪窪蓄積著酷暑裡難得的清涼。夏日裡，三棧溪是花蓮市民主要的戲水場所之一。

不止戲水，您可以試著往溪的源頭上溯，探訪三棧溪峽谷的水之源，蓊鬱茂密的植被，溪床上疊疊累累的巨石……，探究一下三棧溪溪水為何終年清涼？

也可以三棧部落走走，拜訪溪畔的太魯閣族村落。他們依山旁溪而居，聽聽他們的山、他們的谷、他們的溪。

三棧溪（金磊 攝影）

交通資訊：

◇三棧溪

位置：新城鄉三棧村。

搭車：由花蓮火車站前搭往天祥、崇德的花蓮客運，於三棧下車。

開車：由花蓮市沿9號省道北上經景美至懷恩橋左轉，可抵三棧村，再步行前往溪邊。

◇奇萊鼻

位置：七星潭海濱、花蓮港之間岬角。

搭車：無公車直達。

開車：由花蓮火車站中山路南行，至193縣道（華東路、海濱路），沿路標至七星潭或花蓮港附近。

奇萊鼻

奇萊鼻標高48公尺，爲花蓮市沿岸北郊的一個鼻岬，也有人稱它「四八高地」、「米崙鼻」或「美崙鼻」。

鼻岬爲陸地突露海域的岬角，千百萬年來屹立承風受浪，不歇的衝突、不歇的雕鏤，鼻岬氣勢一般蒼勁、孤絕。奇萊鼻，黑色的崖壁上蔓生著叢叢墨綠色草海桐，崖頂上站著一座年齡超過六十歲的奇萊鼻白色燈塔。

她曾經是花蓮耀眼的海上地標。

奇萊鼻崖壁上曾經密生著台灣野百合。春季花開，野百合花朵崖壁上迎著和暖的海風綻放——白色花朵，黑色崖壁，花花相連，如懸掛在夜幕上的繁燦星點。「花蓮」這個地名由來的傳說不少，其中最美麗的說法，來自奇萊鼻崖壁上燦開的百合花。

奇萊鼻崖下海域是北花蓮難得一見的淺礁海域，繞過鼻岬北端爲深邃的七星潭海灣，鼻岬南邊往花蓮港方向也是深水海域，因此，鼻岬下海域經常波濤洶湧。花蓮沿岸，奇萊鼻扮演著海上捕手的角色，海上漂流物經常在鼻岬下海灘擱淺。這裡是一個指標海岸——我們丟了多少垃圾在大海裡，奇萊鼻海岸一一檢視我們的惡行。

奇萊鼻下的淺礁海域曾經是花蓮港沿海漁船的主要捕撈場，九孔、龍蝦及珊瑚礁魚類密生，這裡的魚類資源曾經養活了不少花蓮的漁家子弟。可惜！可惜花蓮的垃圾堆置場被設置在崖頂（現在已闢建爲奇萊鼻環保公園），長年來，垃圾、石礦廢料不停崩落下海，雖然設了環保公園但事實上我們已經毀掉了奇萊鼻。

奇萊鼻千百萬年來受風受浪，它仍然屹立不搖，只是少了蒼勁和孤絕。如今，她面貌斑駁，崖壁上的百合花已經消失，她見證了這一切、感慨這一切。

奇萊鼻燈塔（金磊 攝影）

七星潭踏浪（戴惠莉 攝影）

奇萊鼻海岸（金磊 攝影）

奇萊鼻行旅（王緒昂 攝影）

花蓮最美的海岸——七星潭灣（王緒昂 攝影）

花蓮港

花蓮港舊稱「築港」，因緣於花蓮港是個動用大批人力挖鑿的人工港。

大多數的港灣都是由天然灣澳為主體加上人工闢建所形成的天然港。花蓮海岸海岸線平直，並無理想的天然灣澳足以來形成天然港。過去花蓮陸路交通不便，遠在日據時期，派駐在花蓮的總督便覺得花蓮要發展，必需要興築花蓮港。那個年代機械不是那麼發達，花蓮港的開鑿，強制動用了大批花東縱谷的原住民前來挖港。

太平洋戰爭過後，台灣光復，經過了好幾期的擴港工程，花蓮港呈現如今的規模與面貌。

「花蓮港不是避風港」這個說法普遍在花蓮街坊流傳。每當颱風來襲前，花蓮港裡的許多船隻都要避難到其他港去。畢竟是人工港，純然人為的工事如何也無法抵抗大自然的威勁。

停靠花蓮港的貨輪不多，大致上是載運砂石、石材、水泥及水泥原料、紙漿及紙漿原料的散裝船。花蓮港的存在及現況可以是一個反面教材，足以打破人類「人定勝天」的迷思。同時，我們假設若花蓮港由工業功能轉型為觀光取向的發展，也許，我們將可以看到花蓮港的春天。

交通資訊：
位置：花蓮港。
搭車：無公車直達。
開車：由花蓮火車站中山路南行，至海濱路（193縣道），接港口路。

花蓮港漁市

到花蓮漁港得繞過商港區，繞著花蓮港港濱進入花蓮漁港。

花蓮漁港借用花蓮港北側的一個小船渠為港，漁港面積不大，船隻擁擠，環境雜亂。花蓮港漁市設在漁港邊區漁會門口，若和台中梧棲或東北角碧砂觀光漁市相比較的話，花蓮港漁市的整體觀感是零亂且小規模的。漁產運銷的發達，讓各地漁市普遍都看得到形形色色各樣漁產花蓮港漁市都有。一旁的花蓮專用漁港正在興建中，相信未來的花蓮漁港與漁市的規模都是可以期待的。

從外港批進來販賣的一般都稱為「箱仔魚」；在地漁船海域捕撈的稱為「現撈仔」。花蓮港漁市的特色是現撈仔魚種——各樣大洋性洄游魚種及深海底棲魚。其中特別值得一提的是，由花蓮港漁民自行研發製作的鬼頭刀魚丸。

鬼頭刀是花蓮的大宗漁獲，鬼頭刀魚刺不多，肉質白細，是烹煮魚排的好材料。大部份台灣海域捕撈的鬼頭刀都外銷至歐美國家，鬼頭刀在台灣東部海域是普遍的漁獲但並不是普遍被我們食用的魚種。

來花蓮港漁市走一趟，看看我們的鬼頭刀生作什麼模樣，嚐嚐我們的鬼頭刀魚丸何種滋味。

交通資訊：

位置：花蓮港（花蓮漁會：花蓮市港濱37號，03-8223118）。

搭車：無公車直達。

開車：由花蓮火車站中山路南行，至海濱路（193縣道），接港口路右轉港濱路直行。

花蓮港東堤（何承璋 攝影）

美崙溪

　　美崙溪繞著花蓮市西緣、北緣，最後流經美崙山南麓，穿刺過花蓮市區在花蓮港港嘴西防波堤邊出海。

　　花蓮山高水急，溪水暴起暴落，緣著市區蜿蜒的美崙溪，最容易被當成水患的罪魁禍首。於是，幾次水患過後，美崙溪遭受了一次又一次的整治，美崙溪幾乎從出谷到出海兩岸都被水泥堤防一路夾挾到底。

　　幸好，溪水總是暴起暴落，除了颱風豪雨，美崙溪堤防內側河畔一年裡大多時候留下了雜草叢生的河階地。近年來政府在美崙溪下游這些河階地上闢建了河畔公園。一時間，河畔綠草如茵景致宜人，並且與出海口的北濱公園及腳踏車步道連成一氣，提供了散步及水鳥觀賞的好去處。

交通資訊：

　◇美崙溪

　位置：沿尚志路、溪畔公園、北濱海濱公園。

　搭車：搭往港口的花蓮客運，於花蓮客運中山站下車，沿中山路南行至海濱街可抵北濱公園；搭往瑞穗、光復、富里的花蓮客運，在帝君廟下車可抵美崙山公園，由此可步行至美崙溪畔。

　開車：由花蓮火車站中山路南行，左轉林森路接尚志路，可見美崙溪畔；或由中山路南行至海濱街，左轉即可達北濱。

　◇迴瀾灣及南濱北濱

　位置：北濱海濱公園。

　搭車：搭往港口的花蓮客運，於花蓮客運中山站下車，沿中山路南行至海濱街可抵北濱、南濱。

　開車：由花蓮火車站中山路南行至海濱街，左轉即可達北濱，右轉則為南濱。

洄瀾灣及南濱北濱

從美崙溪口向南望去，眼裡出現一泓弧灣，這就是洄瀾灣。

由北而南，弧灣北端叫北濱，緊接著是南濱，再過去就是花蓮溪出海口，溪水南側接花東海岸山脈。

「洄瀾」是花蓮的老地名之一，因緣於花蓮溪挾花東縱谷北段之大小河川豐沛水量，於洄瀾灣南端奔騰入海，河海交接處，經常波濤洶湧洄瀾蕩漾，又整個花蓮市旁著洄瀾灣發展，故得名洄瀾。

在花蓮港尚未築港開航的年代，來到花蓮的商船都得停迫在洄瀾灣灣底，貨物及乘客在南、北濱海灘以駁船接駁上岸。花蓮市的發展史是由靠洄瀾灣的南、北濱為起點，漸次往西開發。過去的南、北濱為一泓優美的沙灘，沿灣有不少漁村聚落，他們在洄瀾灣裡捕魚，依海維生。

花蓮港擴港工程竣工後，海相大變，洄瀾灣成為侵蝕嚴重的海岸，再加上緊鄰花蓮市，廢水等污染物日與繼夜的排放到灣裡，如今，沙灘幾乎全都消失了，替代的是沿灣築起如攻防戰事般的水泥消波塊長牆。漁村也消失了，原來南濱海灘上熱鬧的傳統牽罟捕魚，也消失得毫無痕跡。

現在的洄瀾灣是貨輪進港前的檢疫區，現在的南濱是熱鬧終夜的夜市，北濱還看得到些許老街留著原貌，但漁人已經散去。近年來，沿灣設置了南濱公園及北濱公園，漸漸的，洄瀾灣似乎有振作的契機。

洄瀾灣是花蓮人的海灣，是花蓮市的海岸，洄瀾灣的滄桑足以檢證一個旁海的城市曾經以何種眼光及將要以何種態度來看待他們的海洋。

洄瀾灣（何承璋 攝影）

南濱海岸（廖鴻基 攝影）

七七高地 （花東海岸山脈）

　　七七高地是花東海岸山脈的北端起點，標高77公尺，位於花蓮溪出海口東畔。七七高地西側是花蓮溪，東側面對太平洋，與花蓮港港嘴隔洄瀾灣遙遙相望。

　　花東海岸山脈不高，但綿延頎長，從七七高地往南延伸至台東出海，連接著綠島、蘭嶼及菲律賓所屬的呂宋火山島弧，地質上屬於菲律賓海板塊。古老年代裡，她深埋在太平洋海底，和屬於歐亞大陸板塊邊緣的台灣本島原本無關。後來海底火山爆發，海岸山脈被舉出海面。當時，她和台灣本島還有一段距離相隔。這是一座年輕、熱情的山脈，自浮露水面後，由於板塊位移，她不斷的往西北向推擠，終於在大約二五○萬年前碰撞貼觸到台灣本島。

　　七七高地，一座小山崙，她卻是菲律賓海板塊的北端前哨。

交通資訊：
位置：花蓮溪出海口。
開車：由花蓮市走193縣道至南濱公園，可展望七七高地。或由11號省道（花東海岸公路）南下，過花蓮大橋可抵。

海岸山脈（何承璋 攝影）

鹽寮（廖鴻基 攝影）

鹽寮

花蓮市以南，過花蓮大橋沿11號海岸公路南行，進入花東海岸山脈面海東側。這裡為交通部所屬東海岸風景特定區，設有東海岸北區遊客中心於鹽寮。遊客中心比鄰南側為即將完工頗具規模的海洋公園。

一路上可以近切距離欣賞來自太平洋年輕、熱情如上岸湧浪般波折的綠色山勢；另一側，放眼太平洋的黝藍與浩瀚。

和南寺前稍稍留步，寺廟北側前方公路下，路徑並不顯眼，有在此靈修倡導回歸簡樸生活的「人間淨土」——鹽寮淨土。靈修淨土當然不宜打擾，只合適外圍感受一下靈修氣息。不妨順道拜訪靈修淨土北側的幾間茅屋，及茅屋前向海的茵綠草皮，漂流木座椅及適合遠眺望海的瞭望台，坐一下，吹個海風，感覺一下僻靜一隅遠離城市的寧靜，這裡被稱作是「人間樂土」。

繼續南行，經過橄樹腳漁村，留心一下12號橋、12號溪。溪口北側有一家「12號橋空間」，由一位藝術家所經營。或者，沿12號溪徒步上溯，12號溪切入東海岸山脈，在溯溪的過程中感受一下東海岸山谷不同於中央山脈狹谷的優美。

交通資訊：
搭車：自花蓮市搭往靜浦的花蓮客運，在福德、鹽寮站下車。
開車：由花蓮市走11號省道南下，過花蓮大橋可抵。

鹽寮（廖鴻基 攝影）

鹽寮（廖鴻基 攝影）

水璉鼻

　　11號公路繼續南行，東海岸山脈離開花蓮市後的第一個鼻岬很快的出現在路端眼前。到了水璉村，左轉切入村間小路，穿出小路看見海洋。海灘上停個步，眼光調整南望，沿著沙灘迤邐的眼光受阻於一座敦厚飽滿的鼻岬，沒錯！這就是水璉鼻。

　　如果喜歡沙灘散步的悠閒與浪漫，你可以選擇沿著沙灘往南行腳，這是台灣難得一見算是乾淨的海灘。伴著拍岸濤聲，看水璉鼻漸近的容顏與多變的氣勢。或者回到公路，往南公路曲折繞山到達牛山，在牛山的涼庭，居高臨下，不同角度看看拳頭模樣伸入海域的水璉鼻。

　　若要更靠近點，涼庭邊有個小路，順路下坡到達水璉鼻邊由一位阿美族雕刻家所經營的「呼庭」。

　　這時，水璉鼻近在眼前，沙灘、鼻岬、海洋……，這裡遠離塵囂有世外桃源的感覺。

交通資訊：

　　搭車：自花蓮市搭往靜浦的花蓮客運，在水璉下車。

　　開車：由花蓮市走11號省道（花東海岸公路）南下，經鹽寮可抵。

水璉鼻（廖鴻基 攝影）

水璉鼻（廖鴻基 攝影）

水璉鼻（廖鴻基 攝影）

水璉鼻（廖鴻基 攝影）

18號橋（廖鴻基 攝影）

磯碕鼻

　　磯碕為一處內凹海灣，都巒山脈三面環抱，南北拖迤三公里長的沙灘，因海水差異侵蝕造就成的磯碕灣擁有東海岸少見的沙岸景觀。

　　從台11線公路上遠望磯碕鼻，像顆饅頭似的鼻角護住磯碕海灣，隱約可見礁石浮凸呼應四周，礁石地形造成龍蝦貝類的豐盛，早年常見阿美族人、討海人下海捕抓，現在，則多見引進海水養殖九孔、龍蝦等高經濟價值養殖漁業。

龜庵（金磊 攝影）

　　冬天漲潮時帶來的海底細沙鋪成一灣黑色緞帶，從高空鳥瞰瑩瑩發亮，到了夏天，閃爍黑金色沙灘成了旅人弄潮的絕佳天然浴場。磯碕綿延細緻、平緩無險丘的沙灘，最適合放慢步履傾心體會當下。現今由東管處規劃成為近一百公頃的風景特地區，並委交私人經營東海岸唯一的海水浴場，露營、戲水、烤肉皆可，而南端高地處則常見飛行傘玩家活躍其間。冬天時，由於此處面迎東北季風，海潮及天候均不穩定，因此水上活動一律禁止。

　　磯碕眺望台為此處唯一一座小丘，遠眺磯碕彎曲蜿伏的線條，往南走，會經過一處山洞「親不知子斷崖」，險峻的地勢足以說明名字的來由。

（文／戴惠莉）

交通資訊：

搭車：由花蓮市搭往靜浦的花蓮客運，在磯崎站下車。
開車：自花蓮市走11號省道（花東海岸公路）南下，經水璉可抵。

磯崎鼻（廖鴻基 攝影）

磯崎鼻（金磊 攝影）

磯崎（金磊 攝影）

磯崎（廖鴻基 攝影）

新社鼻

新社村離花蓮市約45公里，是花蓮少數的噶瑪蘭族村落之一，村民的祖先來自宜蘭。

村子北端有個顯眼地標——新社鼻——她不像其他鼻岬給人森嚴猙獰的觀感，她是一座長條狀鼻頂緩坡斜向海洋的柔順鼻岬，村民在坡頂種植了整片水稻梯田，當稻苗萌成綠毯，從公路上望去，綠毯波擺襯著海藍晃漾，那景致乾淨純粹得讓人錯覺看到一位清純少女岬上漫舞，以為不在人間；稻穀漸漸熟成金黃，海藍背景深邃不變，若遇上晴朗天光，那近眼處鼓鼓豐饒的金黃禾浪，那眼光飛越鼻岬後藍澄澄的也是飽滿，那溫暖、富饒、成熟的韻味，恍然一位體態豐盈的少婦岬端張開她的懷抱。

新社鼻是一座隨季節換裝的鼻岬。

交通資訊：

搭車：自花蓮市搭往靜浦的花蓮客運，在新社下車。

開車：由花蓮市走11號省道南下，經水璉、磯崎，過親不知子斷崖可抵。

新社鼻（廖鴻基 攝影）

新社（廖鴻基 攝影）

新社（廖鴻基 攝影）

石梯坪（石梯港）

　　石梯坪是東海岸風景區的主要景點之一，海岸地形發達，海蝕洞、海蝕溝、海蝕平台、海階地、珊瑚礁岩等所構組成的一方天地。

　　其最著名的是零落不少灰白色巨石或突露成鼻、或橫臥水波，其形似梯，連接陸岸的巨石上緣平坦，可隨著自然梯狀弧坡一階階登上鼻端，故名石梯坪。這些巨石也形成四處小灣小澳，水域裡珊瑚礁發達，潮間帶生物豐富，可說是台灣難得一見的海岸自然生態教室。

　　石梯港位於石梯坪北端灣內，原本是一個樸素的東海岸小漁港，近年來由於賞鯨活動而整建為遊憩觀光港。

交通資訊：
搭車：自花蓮市搭往靜浦的花蓮客運，在石梯坪站下車。
開車：由花蓮市走11號省道南下，經水璉、磯崎可抵。

石梯坪（廖鴻基 攝影）

石梯坪（廖鴻基 攝影）

石梯長虹橋（金磊 攝影）

石梯坪（廖鴻基 攝影）

石梯坪（廖鴻基 攝影）

石梯坪（廖鴻基 攝影）

秀姑巒溪

秀姑巒溪水量豐沛，自花東縱谷切海岸山脈注入太平洋。

秀姑巒溪是台灣泛舟活動知名的一條大溪，每年夏天吸引不少遊客，自縱谷放舟隨溪水切過海岸山脈河谷抵達秀姑巒溪河口。沿途原始的自然景觀及河口望海的磅礴氣勢，是秀姑巒溪泛舟歷年不衰的主因。

長虹橋橫跨秀姑巒溪上，出海口有一座無人小島，名「獅球嶼」或「芝波瀾」，河口北岸為阿美族聚落港口村，文字敘述才幾個字，若能親臨溪畔沿岸任何一個點駐足瞭望河口，您將會由衷讚嘆：「台灣真是寶島！」

交通資訊：

搭車：自花蓮市搭往靜浦的花蓮客運，在大港口、靜浦下車，可抵長虹橋附近。

開車：由花蓮市走11號省道南下，經水璉、磯崎、過石梯坪可抵長虹橋、出海口。

秀姑巒溪出海口（廖鴻基 攝影）

秀姑巒溪出海口的獅球嶼（廖鴻基 攝影）

秀姑巒溪出海口的獅球嶼（廖鴻基 攝影）

秀姑巒溪出海口的獅球嶼（廖鴻基 攝影）

[附錄——花蓮漁港變遷史]

與白燈塔一起消失的漁村——鳥踏石仔

一、前言

　　台灣小小個島，大海近在咫尺，遍地都有漁村。然而漁村與討海人，長期以來在歷史、人文學、社會科學、文化工作、文學，各個領域，常是靜默的。在我們的文化、日常生活，或學術研究裡，都不容易嗅到海洋氣息。

　　那麼，讓我們嘗試去認識一個漁村、以及生活在其中的討海人家——認識人與海洋的其中一種依存關係。漁村就像一扇窗，靠近它，就靠近了海洋，接近漁村人民，也就接近了海洋。

　　漁村生活是什麼模樣？一個漁村是如何出現的？又為什麼就消失了？工業、貿易不斷造就經濟發展的歷程中，漁村人民付出了多少超出他／她們所能承擔的代價？

　　鳥踏石仔漁村，因為位於重要港口——花蓮港——港區內，而在開發東部、產業東移所需求的港口擴張過程中，被犧牲了。這也許不是鳥踏石仔獨特的命運，台灣還有多少漁村像這樣消失於歷史中，為人所遺忘？

　　認識鳥踏石仔，也就認識了花蓮港的變遷。於是我們能進一步反思：花蓮市，這個山海小城與海洋的互動，以及，隨著水泥海岸線逐漸取代綿延的沙灘、砂礫灘，這裡的人與海洋的關係起了什麼轉變。

　　住在花蓮市廿年以上的人，大多記得在優雅的白燈塔對面有一片親切的海灘，那裡有堤防攔擋浪濤是個安全的海水浴場，一旁的漁村讓海邊顯得家常，村裡有雜貨店方便租泳圈買涼水……，

那裡不是觀光海灘，那裡就像花蓮市民共享的前院，一處邁向海洋的前院。

二、鳥踏石仔在哪裡

現今，航行於花蓮港外，隔著東堤望向城市，灰色港區內一帶親水公園綿延，那裡就是鳥踏石仔漁村舊址。今日這一大片平整的貨櫃碼頭、砂石料堆積區、及散裝水泥及熟料圓庫區，以前全是淺海、沙灘、砂礫灘——花蓮人的鳥踏石仔海灘——人們在這裡抓魚苗、撿黑白石、游泳、烤肉、賞月……，山盟海誓，白燈塔為見證……，這是許許多多花蓮人年少時代的繽紛回憶，當時也沒有什麼海濱公園，但只要穿越漁村，很容易就能沉浸入海水的擁抱。

三、探訪鳥踏石仔

◎大礁石與小漁村

「鳥踏石仔」是一塊大礁石，在花蓮築港以前，礁石上常有海鳥群集。一個世紀前，人們划船來，邂逅這塊充滿生命力的礁石，切進海灘登陸，建立一個漁村，當時這裡還沒有堤防、燈塔，或任何更明確的地標，自然而然便稱這個漁村為「鳥踏石仔」。

◎移民村

鳥踏石仔是個移民村，大約自一百年前起，移民陸續抵達，有琉球人、來自中國和台灣各地的漢人、噶瑪蘭人，築港時期也有邦查（阿美族人）暫住這裡。

最早抵達此處海岸的龜山島漁人，發現這裡已經蓋好一些日本房子，約有十二棟廿四間，住著一群琉球人，大家就稱這些覆著黑瓦片的雙拼建築為「琉球厝」，本村也因此被稱作「琉球

村」。

龜山島漁人是最早在此落腳的漢人，他們很可能不是直接定居下來，而是往返於故鄉和鳥踏石仔之間，漸漸的，親戚鄰里互相招呼，一家家划著長獨木舟浮海而來。

一九三〇年代花蓮築港期間，這裡匯聚來自各地的築港工人，有些人來花蓮築港，然後就在這個港邊小村落定居下來，這是移民最大批來此落地生根的時期，多是家族式移民。

小小一個村落，四面八方來相聚，直到一九六〇年代都陸續有新鄰居搬來，除了最早的龜山島人以外，還有人來自宜蘭縣、台東縣、高雄縣市、新竹縣、南花蓮等地，也有故鄉遠在中國的榮民，他們或因家計變故，或因這裡討海方便，或是喜歡花蓮的氣候，先後來到這裡。

◎東岸的漁村

回頭看十幾廿年前的舊市街圖，會發現這裡叫做「東岸街」——鳥踏石仔正是花蓮市最東邊海岸的聚落。

鳥踏石仔是個漁村。早期這裡多是漁戶，花蓮人就稱這裡是「抓魚仔村」。但是討海實在辛苦，收入不穩、作息不定、海上生活驚險，漁民大多也不希望孩子走上討海一途，吃苦受罪，所以村裡打魚維生的人就愈來愈少了。

即使如此，全村人還是跟漁事脫不了關係。

打魚鄰居返航了，村裡大大小小都趕去幫忙卸貨，合力把魚剝下網來，手腳要快！因為缺乏冷凍設備，得趕快處理好魚貨趁新鮮才能賣到好價錢；船長也會把些魚分送來幫忙的鄰人，因此，鮮魚、魚乾成了家家戶戶飯桌上常見的菜色。

家門口就是洄瀾灣，不必出海也能捕魚——抓魚苗——春末和夏季，村民紛紛推著三角杆網，在浪頭間忙碌穿梭，抓來一些虱目魚苗賣給台南的養殖業。

還有那各式各樣的漁具，上了岸來一一都要修整，清棍、補破網、扒理漁灘、切魚餌……繁瑣的手工，光靠船長自個兒是忙不過來的，船長夫人、鄰居女兒，一個個都投入這些工作。

遇到壞天氣，想起表姐夫、堂叔、小學同學、廿年老鄰居……，這個也出海、那個也出海，自家雖然不打魚，也是會擔心海上討生活的親戚朋友平安否，不到村裡每艘船筏都平安歸來，誰也難以安心入睡。

鳥踏石仔就是這樣一處漁村，村裡人人都是討海夥伴。

◎花蓮港

鳥踏石仔的命運，可以說，完全受制於花蓮港的變遷。

本村的規模穩定下來，是直到花蓮築港時期（一九三一年十月廿七日開工～一九三九年十月二日竣工通航）。築港後，這個聚落也就被圍入港區範圍裡了。

住在港區裡的好處可能是，火車站就在自己社區裡，搭上村裡這條支線鐵路，很快就到花蓮火車站，換乘東線鐵路南下很方便。東線鐵路於一九二六年完工，築港時加鋪花蓮車站到築港工場段，以便工程運輸；港口完工後，這段支線開放載客，並在鳥踏石仔設一車站「美崙站」。鐵路貫穿全村，村民依此分隔，稱鐵路東南側為「南邊角」，另一側為「北邊角」。

住在港區裡的壞處可能比好處更多。第二次世界大戰後期，盟軍轟炸日軍，身處日本殖民地便遭受池魚之殃，花蓮港是東台灣最重要建設之一，自然成為砲轟重點，住在港堤邊的鳥踏石仔村民成天跑警報，飽受空襲之苦。

花蓮港不斷在擴建，當初日本政府原就規劃了後續工程，因為戰敗撤走而沒有繼續。自一九五九年起，台灣政府進行了四期的擴建計畫，一九六二年底第一期擴建完成，一九六三年開放為國際港。在一九七○年代連續兩期擴建，有時建深水碼頭、有時濬

白燈塔（花蓮港務局 提供）

深航道、有時做護岸工程，花蓮人也弄不清楚這個港口變來變去到底變成什麼模樣，因為海防禁令森嚴，除了漁民以外，國民都不得出海。

倒是對於矗立在東堤堤頭的白燈塔，花蓮人還更有感情。談起這座白燈塔呵，老花蓮當下就跌入青春夢的緬懷裡……。白燈塔建於一九三九年，古樸的白色水泥圓柱造型，塔頂燈高於平均潮水線1,324公分，發出每三秒鐘閃一次的紅光，忠實地守護進港船舶。以前的港區範圍比現在小多了，我們可以到鳥踏石仔海灘戲水，白燈塔近在眼前，許多花蓮人的海濱留影都是白燈塔為背景。在港口一帶，白燈塔匯聚了人們目光的焦點，也激發出文學、攝影、美術作品。

◎告別的年代

一九七九年，第四期拓港工程轟轟烈烈展開，一九八○年六月，白燈塔倒了！炸藥傾燬了這座花蓮地標。爆破工程進行時，

爆破白燈塔（吳恩賜 攝影）

鳥踏石仔海灘上戲水人潮正多，大家眼睜睜看著挺過四十年颱風浪的白燈塔，三兩下就翻頹在炸藥暴力下，有人衝回家拿相機、有人禁不住大喊：「再見了！白燈塔！」同樣這一年，浸漬著人們親海記憶的Ｔ字堤（舊西堤）也消失了，被填平當作港區碼頭，鳥踏石仔海灘也將填平充作貨料堆積區，花蓮港將拓延至美崙溪口、新建西堤、加長東堤……，也是這一年，七月，港內岸邊劃設禁區以配合施工，花蓮人又失去一段親切的海灘。

鳥踏石仔海灘也劃入禁區內，翌年，村民喪失海灘使用權。港務局公告，一併徵收全村漁具和竹筏共一二二艘，並將徵收東岸街共一四四戶的所有土地和地上建物──這意味著村民將被迫離棄家園。這時村裡人口約有四百，許多人不願默默接受這樣的命運，與港務局展開協調，大家提出四項訴求：興建國宅、等值土地交換、集體遷村、先建後拆。協調過程並不順利，四項訴求一

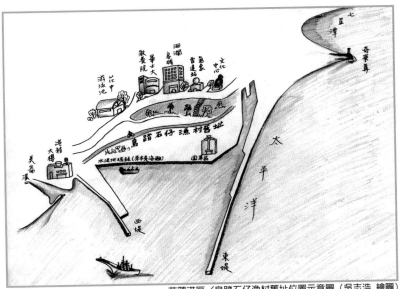

花蓮港區／鳥踏石仔漁村舊址位置示意圖（吳志浩 繪圖）

項也無法達成，到最後只能多爭取一些補助，好讓大家不至於頓時流離失所。

　　一九八八年十二月廿七日，下達拆村最後通諜，村民黯然各奔前程尋找新家園。一九八九年，鳥踏石仔漁村夷為平地。

◎遺址

　　一九九一年底，花蓮港四期拓港工程完畢，但鳥踏石仔的土地依舊廢置了好幾年，除了濱海一些地方以外，大部份區域只任憑野草叢生。拆村十年後，我們首次探訪鳥踏石仔時，幾乎已找不到日本石階的入口，一路上草高過腰部，跌跌撞撞終於抵達昔日土地公廟的所在，在那裡發現，當年廟埕前村民納涼鬥嘴鼓的兩棵老榕樹倖存至今，村子北側的洗石子階梯也在，除此之外，很難再找到什麼地景足以說明這裡曾經存在一個小聚落。

　　鳥踏石仔遺址後來變更用途充作親水公園，於世紀末年妝點完

工。我們來到碩闊的港邊，小漁村變成大公園。

　　以前沒有親水設施時，花蓮人反而和海很親；現在水泥代替了砂灘，不知道海還願不願意與我們親近？在大家競買汽車的年頭，全國卻流行起「自行車專用道」，鳥踏石仔的舊鐵道拆了，換成給腳踏車走的路。有人期待建設帶來政績，期待觀光客帶來財富；然而我們已經沒有了白燈塔、沒有了舊鐵道、沒有了小漁村，我們失去一片親切宜人的海灘，失落了一段人與海洋緊密依存的花蓮故事……。

　　除了一條平直的自行車道、一座全國到處都有的濱海公園，我們還剩下什麼？

　　拋棄了歷史、疏遠了海洋，花蓮還剩下什麼？

　　（資料來源：《海洋鄉土教材：與白燈塔一起消失的漁村——鳥踏石仔》，黑潮海洋文教基金會村史工作小組，2001年3月初版）

台灣
地
圖
16

花蓮賞鯨地圖

著　　者	黑 潮 海 洋 文 教 基 金 會
文字編輯	林 美 蘭
美術編輯	燕 溥
地圖繪製	賴 怡 君

發行人　陳 銘 民
發行所　晨星出版有限公司
　　　　台中市407工業區30路1號
　　　　TEL：(04)23595820　　　FAX：(04)23595493
　　　　E-mail service@morning-star.net.tw
　　　　Http://www.morning-star.com.tw
　　　　郵政劃撥：22326758
　　　　行政院新聞局局版台業字第 2500 號
法律顧問　甘 龍 強 律師
　製作　知文企業（股）公司 (04)23581803
　初版　西元 2002 年 6 月 30 日

總經銷　知己實業股份有限公司
　　　　〈台北公司〉台北市羅斯福路二段79號4F之9
　　　　　　　TEL：(02)23672044　　FAX：(02)23635741
　　　　〈台中公司〉台中市工業區30路1號
　　　　　　　TEL：(04)23595819　　FAX：(04)23597123

定價 250 元
（缺頁或破損的書，請寄回更換）
ISBN 957-455-225-X
Published by Morning Star Publishing Inc.
Printed in Taiwan
版權所有　翻印必究

國家圖書館出版品預行編目資料

花蓮賞鯨地圖／ 黑潮海洋文教基金會著.－－初版.
　　－－臺中市：晨星，2002(民91)
　　面；　　公分. －－（台灣地圖；16）
　　ISBN 957-455-225-X（平裝）
　　1.鯨目　2.花蓮縣—描述與遊記

673.29/137.6　　　　　　　　　　　91007865

◆讀者回函卡◆

讀者資料：

姓名：_____ 　　性別：□ 男 　□ 女

生日： 　／ 　／ 　　　　身分證字號：_____

地址：□□□_____

聯絡電話： 　　　　（公司） 　　　　　　（家中）

E-mail _____

職業：□ 學生 　　　□ 教師 　　　□ 內勤職員 　□ 家庭主婦
　　　□ SOHO族 　□ 企業主管 　□ 服務業 　　□ 製造業
　　　□ 醫藥護理 　□ 軍警 　　　□ 資訊業 　　□ 銷售業務
　　　□ 其他_____

購買書名：花蓮賞鯨地圖_____

您從哪裡得知本書： □ 書店 　　□ 報紙廣告 　□ 雜誌廣告 　□ 親友介紹

□ 海報 　　□ 廣播 　　□ 其他：_____

您對本書評價：（請填代號 1. 非常滿意 2. 滿意 3. 尚可 4. 再改進）

封面設計_____版面編排_____內容_____文／譯筆_____

您的閱讀嗜好：
□ 哲學 　　　□ 心理學 　□ 宗教 　　□ 自然生態 □ 流行趨勢 □ 醫療保健
□ 財經企管 □ 史地 　　□ 傳記 　　□ 文學 　　□ 散文 　　□ 原住民
□ 小說 　　　□ 親子叢書 □ 休閒旅遊 □ 其他_____

信用卡訂購單（要購書的讀者請填以下資料）

書 　　　名	數 量	金 額	書 　　　名	數 量	金 額

□VISA 　　□JCB 　　□萬事達卡 　　□運通卡 　　□聯合信用卡

● 卡號：_____ 　● 信用卡有效期限：_____年_____月

● 訂購總金額：_____元 　● 身分證字號：_____

● 持卡人簽名：_____（與信用卡簽名同）

● 訂購日期：_____年_____月_____日

填妥本單請直接郵寄回本社或傳真 (04) 23597123

廣告回函
台灣中區郵政管理局
登記證第267號
免貼郵票

407
台中市工業區30路1號

晨星出版有限公司

--- 請沿虛線摺下裝訂，謝謝！ ---

更方便的購書方式：

(1) **信用卡訂購**　填妥「信用卡訂購單」，傳真或郵寄至本公司。

(2) **郵政劃撥**　帳戶：晨星出版有限公司　　帳號：22326758
　　　　　　　在通信欄中填明叢書編號、書名及數量即可。

(3) **通信訂購**　填妥訂購人姓名、地址及購買明細資料，連同支
　　　　　　　票或匯票寄至本社。

◉購買單本以上9折優待，5本以上85折優待，10本以上8折優待。

◉訂購3本以下如需掛號請另付掛號費30元。

◉服務專線：(04)23595819-231　FAX：(04)23597123

◉網　　址：http://www.morning-star.com.tw

◉E-mail:itmt@ms55.hinet.net